História medieval

inter
saberes

2ª edição

História medieval

Cibele Carvalho

inter saberes

Rua Clara Vendramin, 58 . Mossunguê . CEP 81200-170 . Curitiba . PR . Brasil
Fone: (41) 2106-4170 . www.intersaberes.com . editora@intersaberes.com

Editora-chefe
Lindsay Azambuja

Gerente editorial
Ariadne Nunes Wenger

Assistente editorial
Daniela Viroli Pereira Pinto

Preparação de originais
Natasha Suelen Ramos de Saboredo

Edição de texto
Arte e Texto
Caroline Rabelo Gomes

Capa
Sílvio Gabriel Spannenberg (*design*)
barmalini, KarSol, Artur_Nyk e jorisvo/
Shutterstock (imagens)

Projeto gráfico
Bruno de Oliveira

Diagramação
Carolina Perazzoli

Designer responsável
Sílvio Gabriel Spannenberg

Iconografia
Regina Claudia Cruz Prestes

Dados Internacionais de Catalogação na Publicação (CIP)
(Câmara Brasileira do Livro, SP, Brasil)

Carvalho, Cibele
História medieval / Cibele Carvalho. -- 2. ed., rev. e atual. -- Curitiba, PR : InterSaberes, 2024.

Bibliografia.
ISBN 978-85-227-0924-3

1. História - Estudo e ensino 2. História medieval I. Título.

23-184948 CDD-907

Índices para catálogo sistemático:
1. História : Estudo e ensino 907

Eliane de Freitas Leite – Bibliotecária – CRB 8/8415

1ª edição, 2016.
2ª edição, 2024.
Foi feito o depósito legal.

Sumário

À minha querida avó Benedita (*in memoriam*),
que tanta falta me faz!

Agradeço imensamente aos meus filhos, pela paciência e pelos momentos em que tive de estar ausente.

Ao meu querido esposo, Otávio, pelo companheirismo durante a elaboração desta obra.

Aos meus pais, por tudo que fizeram por mim ao longo de minha vida.

Às amigas Márcia Dalledone Siqueira e Fátima Fernandes Frighetto, pelo prazer de ter sido orientada por elas no mestrado e no doutorado, respectivamente. Um agradecimento extra à amiga Márcia Dalledone Siqueira, por ter gentilmente escrito o prefácio deste livro.

À Editora InterSaberes, pela oportunidade de realizar esta obra tão relevante sobre história medieval, tema pelo qual tenho tanto apreço, bem como por todas as importantes sugestões para o êxito deste trabalho.

E a todas as pessoas que contribuíram para a realização deste livro, com comentários, leituras e opiniões.

A Idade Média se tornou e permanece sendo
a cidadela da erudição.
(Jacques Le Goff, 2013)

Prefácio

A ciência histórica apresenta-nos a vida em toda sua complexidade e em todos os seus aspectos, pois seu domínio é, precisamente, o estudo do passado humano em sua diversidade de aspectos e abordagens. Além de ser uma ciência da dominação do passado e da consciência do tempo, trata-se de uma ciência da mudança, da transformação, pois a vida é transformação.

O conceito de história como vida e transformação carrega uma mensagem otimista: faz com que o ser humano tome consciência de sua situação e compreenda a importância da luta para a construção de novos indivíduos e de uma nova realidade.

Nessa perspectiva, é sabido que a civilização antiga se concentrava ao redor do Mar Mediterrâneo, mas, no limiar da *Idade Média*, dois intensos movimentos redefiniram essa configuração: primeiro, as forças das invasões germânicas; e posteriormente, as conquistas muçulmanas. Nesse contexto de transformações, as ideologias religiosas marcaram profundamente a vida das pessoas. A fé cristã foi, na sociedade medieval, o problema mais discutido, sendo possível até mesmo os imperadores reivindicarem o poder espiritual, assumindo a posição de chefe da Igreja. Na sociedade muçulmana, a fé em Alá foi o fator unificador e o que impulsionou o povo árabe às guerras de conquistas.

Tendo como ponto principal o Centro e o Oeste europeu de meados do século V até o século XV, o presente trabalho exposto pela autora é resultado de muitos anos de exaustiva e minuciosa pesquisa. A análise proposta permite ao leitor mergulhar na intimidade do passado, pois suscita a reflexão sobre a atitude do homem dessa época perante a sociedade em seu cotidiano, bem como, de modo geral, a respeito de sua cultura e economia. Além disso, instiga o leitor a pensar sobre a mentalidade e suas representações, que são a própria essência da história. Existe uma realidade a que se aplicou essa designação e existe uma estrutura social que caracteriza essa realidade; é essa estrutura que a autora se propõe a analisar da maneira mais completa e didática possível.

Depois de recapitular o meio em que se insere esse período e de definir a mentalidade cultural, a autora analisa os vínculos característicos do sistema feudal, os quais criaram uma rede complexa de relações pessoais, firmada na dependência e na proteção. Nesse período, havia uma subordinação entre as classes, de alto a baixo na escala social, tanto no plano moral quanto no plano econômico. A autora, por um lado, avalia os diversos papéis desempenhados pela Igreja e a ação da realeza e, por outro, as ações da força burguesa, causa de declínio e desagregação do feudalismo. Uma nova força nasceu no mundo medieval em transformação. Diante de tantos embates, somente uma visão globalizante seria capaz de dar plena compreensão a essa realidade histórica.

Este livro é um ótimo ponto de referência àqueles que se dedicam ao estudo de história, ciências sociais, estudos sociais, comunicação, turismo, educação, direito, filosofia e economia, especialmente aos que estudam a Idade Média.

Nas palavras de Marc Bloch (1992), a história como ciência pode ser entendida como toda em movimento. Para o autor, o feudalismo foi mantido mesmo após suas relações características perderem o vigor: "Tal como um tipo de organização social, que marca uma tonalidade particular nas relações humanas, não se manifesta apenas por novas criações; mas aviva com as suas cores, como se de um prisma se tratasse, aquilo que recebe do passado, para o transmitir às épocas seguintes" (Bloch, 1992, p. 312).

Márcia Dalledone Siqueira

Professora aposentada do Departamento de História da Universidade Federal do Paraná (UFPR).

Apresentação

Escrever sobre o mundo medieval é sempre um desafio, pois é necessário falar sobre um período em que ocorreram notáveis mudanças de mentalidade e o nascimento de uma cultura religiosa que influenciou as gerações posteriores. Nosso principal objetivo neste livro é evidenciar a você, leitor, o momento riquíssimo que foi o período medieval no que diz respeito aos aspectos culturais, religiosos, políticos e sociais, quando Ocidente e Oriente se mesclaram, mostrando suas riquezas e particularidades.

O interesse pelo mundo medieval vem aumentando claramente nas últimas décadas. Assim, faz-se necessário seu estudo e esclarecimento temporal a fim de evitar anacronismos, falha tão comum no estudo de tempos mais longínquos. Por essa razão, dedicamos esta obra ao estudo da sociedade, da religiosidade e da política medieval, tanto no Ocidente quanto no Oriente.

Vários historiadores, ou melhor, medievalistas, têm dedicado vasta produção bibliográfica a esse período histórico e suas especificidades, algo que influenciou e continua influenciando as sociedades ulteriores. Exemplos disso são filmes, livros, pinturas e outras produções elaboradas com o objetivo de retratar os indivíduos e a sociedade que compuseram esse período. Tais materiais, bem como o conhecimento sobre a época medieval, suscitam a curiosidade de desvendar seus segredos e suas representações simbólicas.

Ao escrever este livro, propomo-nos a revelar um mundo riquíssimo em mitos e a configuração da sociedade e da religiosidade, o que é muito interessante para o crescimento intelectual e acadêmico de um futuro historiador. Com base nessas e em outras considerações, esperamos que você, leitor, possa refletir sobre a importância do conhecimento histórico para a construção da sociedade ocidental.

Conforme mencionamos, a sociedade oriental também será foco de nossa análise, pois a análise do Oriente da perspectiva dos orientais ajuda a desmitificar uma visão pejorativa que muitos contemporâneos têm sobre a região. Portanto, desejamos que você aproveite a leitura e a oportunidade de se aprofundar em um período repleto de nuances e lendas.

É importante ressaltar que este livro não dará conta de apresentar toda a história da Idade Média, até porque sabemos dos vários problemas referentes à abordagem de um período tão longo. Na medida do possível, trataremos do que gera mais especulações e de uma discussão mais profunda da historiografia.

A leitura dos quatro capítulos que compõem esta obra visam demonstrar que as sociedades do período aqui abordado ansiavam por mudanças (e elas chegaram?), seja por meio de escritos e pinturas, seja mediante o saber laico. Nesse contexto, o Ocidente e o Oriente começaram a se mesclar, de modo que valores e conceitos de ambos os lados se fundiram. De um lado estava o Ocidente feudal, que se baseava, majoritariamente, em laços de parentesco; do outro, o Oriente, envolto em cultos pagãos, embora tenha passado a ser influenciado decisivamente, a partir do século VII, pelo islamismo nascente (nova religião monoteísta que mudou a região). Ambos serão objeto de análise, pois trataremos da formação dessa sociedade europeia medieval e da projeção do islamismo.

No primeiro capítulo deste livro, analisaremos a formação dos reinos romanos-germânicos, também conhecidos como *"bárbaros"*[1], que acabaram por se beneficiar de várias instituições criadas pelos romanos, embora estes também tenham assimilado vários aspectos da cultura "bárbara". Conforme o historiador Jacques Le Goff[2] (2005), o mundo romano influenciou os parâmetros do novo mundo romano-germânico que surgia, ainda que baseado nas instituições romanas. É interessante apresentarmos, neste momento, a definição do autor para o nascimento do Ocidente medieval: "O Ocidente Medieval nasceu das ruínas do mundo romano. Nelas encontrou ao mesmo tempo apoios e desvantagens. Roma foi seu alimento e sua paralisia" (Le Goff, 2005, p. 19). Percebemos que Le Goff apresenta uma visão que muitos historiadores vão considerar tradicional, em que romanos influenciaram mais os "bárbaros" do que o contrário. Porém, atualmente, com os avanços dos estudos historiográficos, sabemos que a influência foi mútua e apresenta aspectos culturais dos dois lados na reconstrução do Ocidente medieval. Observe a seguir o que diz o historiador Claudio Umpierre Carlan (2008, p. 140) sobre essa relação de troca entre romanos e "bárbaros":

---

1 *"O termo 'bárbaros', nome utilizado pelos gregos e que significava apenas* ***estrangeiro****, foi usado pelos romanos para designar os povos que não partilhavam dos seus costumes, [de sua] cultura e [de sua] organização política. Os próprios gregos chamavam os romanos de bárbaros, pois também eram considerados estrangeiros" (Carlan, 2008, p. 139, grifo do original). No contexto romano, o termo se aplicava a todos os grupos que viviam à margem do império.*

2 *Jacques Le Goff (1924-2014) é considerado um dos maiores medievalistas de todos os tempos. Crítico exímio dos* preconceitos *sobre a Idade Média, desmitificou o período e fundamentou uma visão mais crítica sobre ele. Suas obras modificaram o pensamento sobre o período medieval.*

Várias tribos germanas se instalaram pacificamente no interior do Império, chegando mesmo a integrar o exército romano. Isso foi muito comum após a crise do terceiro século. Por volta do ano 400, 30 ou 50 por cento do exército romano era composto de mercenários germânicos. Sem outra saída, alguns grupos bárbaros foram alistados no exército de Roma como unidades inteiras para ajudar na defesa contra outros grupos. Isso foi muito popular durante as guerras civis do século IV, quando aspirantes ao trono romano precisavam levantar exércitos rapidamente. Essas unidades bárbaras mantinham seus próprios líderes e não tinham a lealdade e a disciplina das legiões. As relações entre bárbaros e romanos não se limitavam, contudo, às esferas comercial e cultural. O próprio exército romano, um dos grandes responsáveis pela romanização nas províncias, estava se transformando num corpo profissional incorporado por mercenários que, sucessivamente, substituíam as legiões e a aristocracia, chegando mesmo a ingressar na família imperial — um filho de Teodósio II desposou a filha do vândalo Estilicão. A promoção dentro dessas forças começa a ser realizada pela competência militar e não pelo sangue.

No segundo capítulo, versaremos sobre a formação do mundo feudal, com nítidas influências dos romanos e dos "recém-chegados"[3] que vieram em sucessivas migrações, que se mesclaram para dar continuidade à nova sociedade que surgia. O propósito é permitir que você, leitor, identifique e compreenda o estabelecimento dos laços que fundamentaram esse sistema econômico, político e social e defina as relações entre os vários grupos sociais que compuseram essa sociedade. Também abordaremos a mulher e sua condição na sociedade da época, visto que romperam com tradições antigas para impor o que defendiam ou acreditavam. A proposta aqui é construir uma visão de uma mulher participativa e ativa nessa sociedade.

No terceiro capítulo, discorreremos sobre a Igreja medieval e sua construção institucional pautada no papado e nas querelas imperiais. O objetivo, nesse capítulo, é explicar o fortalecimento da Igreja nesse período, de modo a evidenciar os fatores internos e externos que levaram essa instituição a ser uma das maiores detentoras de terras do mundo medieval. Nesse sentido, propomos a análise do poder

---

3 *"o termo 'invasões bárbaras', comumente utilizado para designar esse fenômeno histórico, e consagrado por uma historiografia política e tradicional, foi definitivamente preterido por sua carga de aviltamento àquele povo que, frente aos romanos, foram considerados 'bárbaros', ou seja, violentos, destruidores, cupidos. Foi substituído pelo termo migrações, proposto por historiadores germânicos, os quais desejam, por sua vez, dar termo a sua própria visão desse acontecimento, ou ainda, traz à luz a visão dos 'recém-chegados'. O presente termo, aliás, parece de fato ser mais coerente com esse movimento histórico, pois desfaz uma terminologia (Invasões) que tem encerrado um sério valor pejorativo, assim como o próprio termo bárbaro para designar aqueles envolvidos nesse processo migratório. Não obstante, a terminologia migrações se encontra muito mais em consonância às vicissitudes do movimento desses povos, uma vez que eles secularmente vinham avançando em direção ao Ocidente Romano, em um contínuo e na maior parte das vezes pacífico contato com a civilização romana, quando não sob sua anuência" (Amaral, 2014, p. 9-10). O termo* recém-chegado *pode ser conferido na obra de Barbero (2010, p. 21).*

espiritual combinado ao poder temporal, algo que gerou uma série de inusitados conflitos entre papas e imperadores. Essas disputas políticas acabam por levar a um gradual enfraquecimento da Igreja ao longo dos séculos. As universidades que surgiram em meados do século XI, a princípio destinadas a religiosos e a uma elite, com o passar do tempo se tornaram centro de difusão de saberes.

No quarto capítulo, trataremos especificamente do Oriente, a fim de compreender e analisar a projeção do movimento iniciado por Maomé, que culminou no surgimento de uma nova religião, o islamismo, em que o fiel (o muçulmano) adere à *jihad* para propagar a ideia de um Deus uno e de um profeta único. Nesse capítulo, buscaremos descontruir a perspectiva ocidental do Oriente. O estudo da expansão islâmica conduzirá você, leitor, por uma viagem até um Oriente antigo e, ao mesmo tempo, novo. Trata-se de maneira mais crítica de ver o Oriente, necessária para compreendê-lo em sua magnitude. De acordo com Hourani (1994, p. 21):

> Dentro dos diferentes ambientes físicos, as sociedades muçulmanas desenvolveram instituições e formas distintas; as ligações estabelecidas entre países da bacia do Mediterrâneo e do oceano Índico criaram um sistema de comércio único, trazendo mudanças na agricultura e nos ofícios, proporcionando a base para o surgimento de grandes cidades, com uma civilização urbana expressa em edificações de um característico estilo islâmico.

Tendo isso em vista, cabe ressaltar a importância da cultura, da religião e da sociedade oriental na construção da mentalidade da sociedade europeia ocidental. Apesar de não ser viável elaborar uma história que contemple todos os eventos do período medieval, procuraremos abordar tudo o que for relevante para a sua compreensão, leitor, a respeito da Idade Média (para alguns historiadores adeptos da nova história[4], essa época vai até o século XIX). A arte será apresentada para situá-lo na perspectiva do homem medieval, em que a iconografia, muitas vezes, refletia a compreensão que o *iliterati* (iletrado) tinha do mundo ao seu redor.

O marco final de nossa abordagem será o século XV; no entanto, nada impede que você, leitor, busque outras fontes que poderão lhe proporcionar uma visão mais ampla e um estudo do que se convencionou chamar de *longa Idade Média*[5]. Nas seções Referências, Bibliografia comentada e Indicações culturais, você encontrará o suporte necessário para ampliar seus horizontes quanto à medievalidade, com uma diversificada gama de autores que compõem esses tópicos. Lembre-se: o conhecimento depende do interesse individual por sua busca. Como propõe a Base Nacional Comum Curricular (BNCC), é preciso que você, leitor, se torne o protagonista de seu conhecimento. Isso se faz mediante a busca incansável pelo saber e utilizando seus conhecimentos prévios, seja para desconstruir, seja para reafirmar.

---

4 *A nova história é uma corrente historiográfica que propõe uma história crítica e uma visão longa de análise do período em questão. Segundo seus adeptos, o período medieval mantém resquícios até o século XVII. Para mais informações a respeito dessa corrente historiográfica, confira a obra de Hunt (2001).*

5 *Na historiografia atual encontramos uma ferrenha discussão sobre essa longa Idade Média, que, para muitos, é carregada de juízo de valor e preconceitos: "Tão longe, tão perto: o contraste entre perspectivas que se aproximam e se afastam do período medieval talvez seja tão antigo quanto a invenção, ainda no século XIV, do próprio conceito de Idade Média. É esse o percurso crítico seguido por Maria Eugenia Bertarelli e Clínio de Oliveira Amaral. Seu texto reconhece essas duas formas de se abordar o passado medieval, mas vai além, assumindo uma postura crítica à tese da 'longa Idade Média' importada às américas através de trabalhos recentes. Segundo o artigo, a transposição do argumento de uma longa Idade Média para nosso continente teria como epifenômeno ressaltar a permanência de estruturas europeias em nossa identidade. Isso tornaria as sociedades americanas herdeiras incontestes do Velho Mundo. Promoveria uma espécie de colonização do imaginário por meio de representações do passado em um momento no qual grupos de ódio usam politicamente a Idade Média nesse mesmo sentido" (Rezakhani, 2020, p. 26).*

O período medieval traz à tona questões cruciais que permitem compreender melhor a formação dos Estados Nacionais, o aprimoramento das mentalidades e o surgimento de novas religiões. Por meio da leitura desta obra, você será capaz de conceber, de maneira mais ampla, as permanências e rupturas de uma nova mentalidade religiosa (analisaremos o surgimento dos movimentos mendicantes), algumas vezes pautada em questões de honra e fidelidade (nobreza) que tornavam alguns laços indissolúveis, como a vassalagem. Contudo, não podemos deixar de salientar que, nesse mesmo mundo medieval, com laços de vassalidade, houve o surgimento de uma nova classe, a burguesia, que também estabeleceu mudanças significativas nas dinâmicas pessoais até então estabelecidas na sociedade. Os burgueses propiciaram o renascimento urbano e comercial entre os séculos XI a XIV.

Com base nessa explanação, você, leitor, deve utilizar esta obra como um suporte em sua caminhada rumo ao conhecimento, como o início de um saber historiográfico. Sua tarefa, portanto, abrange a compreensão do recorte cronológico determinado para os objetivos de nosso estudo. Após a leitura de cada capítulo, reflita e realize as atividades propostas, que certamente o auxiliarão a ter uma noção mais ampla do que foi estudado ao longo da obra. Assim, você poderá desenvolver as habilidades necessárias para a compreensão do período analisado.

Cabe lembrarmos que você, leitor, deve se despir de preconceitos sobre a Idade Média para acessar uma nova perspectiva, pautada em uma gama de teóricos modernos, adeptos de um novo olhar sobre o período, o qual rompe com uma visão tradicional da história. As discussões remontam o nascimento do chamado *humanismo*:

> Foi no contexto do Humanismo italiano que, provavelmente, pela primeira vez, Petrarca referiu-se à Idade Média por meio da noção de *medium tempus*, literalmente, "época intermediária". Na origem, existiam dois sentidos para esse uso da Idade Média. Para os humanistas, havia uma preocupação filológica, pois consideravam que os medievais, devido à sua "ignorância", tinham realizado "terríveis" modificações linguísticas no latim. Além dessa utilização, existiu um uso religioso, pois os críticos do Papado afirmavam que a Igreja medieval teria deturpado o valor da mensagem de Cristo, porque tinha se apegado a valores mundanos e materiais. Em ambos os casos, a Idade Média era definida cronologicamente entre a queda do Império Romano do Ocidente, em 476, e o século XV – apesar de Petrarca ter usado o termo no sentido pejorativo ainda no século XIV. (Almeida, 2010, p. 1)

É dessa maneira que a historiadora Ana Carolina Almeida (2010) define o surgimento do termo *Idade Média*. Atualmente, a história se propõe a uma interdisciplinaridade com outras ciências para reconstruir de forma crítica o passado e possibilitar uma reflexão mais imparcial. A BNCC divulga e promulga amplamente a interdisciplinaridade nas ciências humanas, pois a utilização de outros ramos do saber permite chegar mais perto da representação do passado.

Esperamos que, ao final da leitura, você seja capaz de analisar de modo coeso as relações sociais estabelecidas nessa época, fazendo uma reflexão crítica do medievalismo tanto no Ocidente quanto no Oriente.

Bons estudos!

Cibele Carvalho

Como aproveitar ao máximo este livro

Empregamos nesta obra recursos que visam enriquecer seu aprendizado, facilitar a compreensão dos conteúdos e tornar a leitura mais dinâmica. Conheça a seguir cada uma dessas ferramentas e saiba como estão distribuídas no decorrer deste livro para bem aproveitá-las..

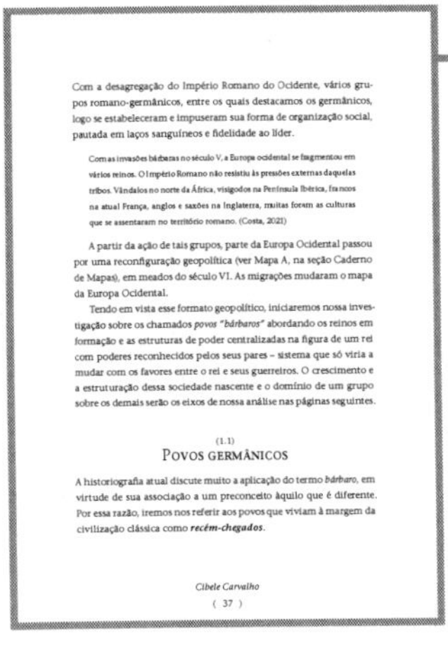
Com a desagregação do Império Romano do Ocidente, vários grupos romano-germânicos, entre os quais destacamos os germânicos, logo se estabeleceram e impuseram sua forma de organização social, pautada em laços sanguíneos e fidelidade ao líder.

> Com as invasões bárbaras no século V, a Europa ocidental se fragmentou em vários reinos. O Império Romano não resistiu às pressões externas daquelas tribos. Vândalos no norte da África, visigodos na Península Ibérica, francos na atual França, anglos e saxões na Inglaterra, muitas foram as culturas que se assentaram no território romano. (Costa, 2021)

A partir da ação de tais grupos, parte da Europa Ocidental passou por uma reconfiguração geopolítica (ver Mapa A, na seção Caderno de Mapas), em meados do século VI. As migrações mudaram o mapa da Europa Ocidental.

Tendo em vista esse formato geopolítico, iniciaremos nossa investigação sobre os chamados *povos "bárbaros"* abordando os reinos em formação e as estruturas de poder centralizadas na figura de um rei com poderes reconhecidos pelos seus pares – sistema que só viria a mudar com os favores entre o rei e seus guerreiros. O crescimento e a estruturação dessa sociedade nascente e o domínio de um grupo sobre os demais serão os eixos de nossa análise nas páginas seguintes.

(1.1)
Povos germânicos

A historiografia atual discute muito a aplicação do termo *bárbaro*, em virtude de sua associação a um preconceito àquilo que é diferente. Por essa razão, iremos nos referir aos povos que viviam à margem da civilização clássica como ***recém-chegados***.

Cibele Carvalho
(37)

Introdução do capítulo

Logo na abertura do capítulo, informamos os temas de estudo e os objetivos de aprendizagem que serão nele abrangidos, fazendo considerações preliminares sobre as temáticas em foco.

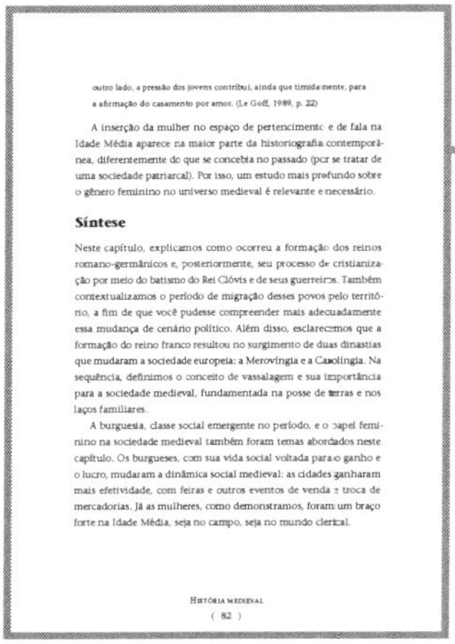

outro lado, a pressão dos jovens contribui, ainda que timidamente, para a afirmação do casamento por amor. (Le Goff, 1989, p. 22)

A inserção da mulher no espaço de pertencimento e de fala na Idade Média aparece na maior parte da historiografia contemporânea, diferentemente do que se concebia no passado (por se tratar de uma sociedade patriarcal). Por isso, um estudo mais profundo sobre o gênero feminino no universo medieval é relevante e necessário.

Síntese

Neste capítulo, explicamos como ocorreu a formação dos reinos romano-germânicos e, posteriormente, seu processo de cristianização por meio do batismo do Rei Clóvis e de seus guerreiros. Também contextualizamos o período de migração desses povos pelo território, a fim de que você pudesse compreender mais adequadamente essa mudança de cenário político. Além disso, esclarecemos que a formação do reino franco resultou no surgimento de duas dinastias que mudaram a sociedade europeia: a Merovíngia e a Carolíngia. Na sequência, definimos o conceito de vassalagem e sua importância para a sociedade medieval, fundamentada na posse de terras e nos laços familiares.

A burguesia, classe social emergente no período, e o papel feminino na sociedade medieval também foram temas abordados neste capítulo. Os burgueses, com sua vida social voltada para o ganho e o lucro, mudaram a dinâmica social medieval: as cidades ganharam mais efetividade, com feiras e outros eventos de venda e troca de mercadorias. Já as mulheres, como demonstramos, foram um braço forte na Idade Média, seja no campo, seja no mundo clerical.

História medieval

(82)

Síntese

Ao final de cada capítulo, relacionamos as principais informações nele abordadas a fim de que você avalie as conclusões a que chegou, confirmando-as ou redefinindo-as.

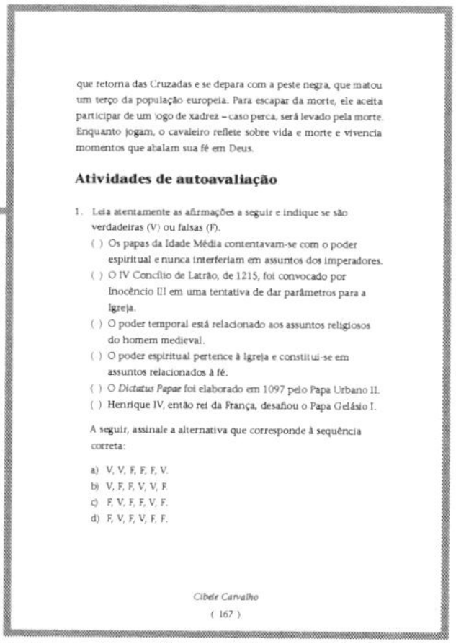

que retorna das Cruzadas e se depara com a peste negra, que matou um terço da população europeia. Para escapar da morte, ele aceita participar de um jogo de xadrez – caso perca, será levado pela morte. Enquanto jogam, o cavaleiro reflete sobre vida e morte e vivencia momentos que abalam sua fé em Deus.

Atividades de autoavaliação

1. Leia atentamente as afirmações a seguir e indique se são verdadeiras (V) ou falsas (F).
   ( ) Os papas da Idade Média contentavam-se com o poder espiritual e nunca interferiam em assuntos dos imperadores.
   ( ) O IV Concílio de Latrão, de 1215, foi convocado por Inocêncio III em uma tentativa de dar parâmetros para a Igreja.
   ( ) O poder temporal está relacionado aos assuntos religiosos do homem medieval.
   ( ) O poder espiritual pertence à Igreja e constitui-se em assuntos relacionados à fé.
   ( ) O *Dictatus Papae* foi elaborado em 1097 pelo Papa Urbano II.
   ( ) Henrique IV, então rei da França, desafiou o Papa Gelásio I.

   A seguir, assinale a alternativa que corresponde à sequência correta:

   a) V, V, F, F, F, V.
   b) V, F, F, V, V, F.
   c) F, V, F, F, V, F.
   d) F, V, F, V, F, F.

Cibele Carvalho

(167)

Atividades de autoavaliação

Apresentamos estas questões objetivas para que você verifique o grau de assimilação dos conceitos examinados, motivando-se a progredir em seus estudos.

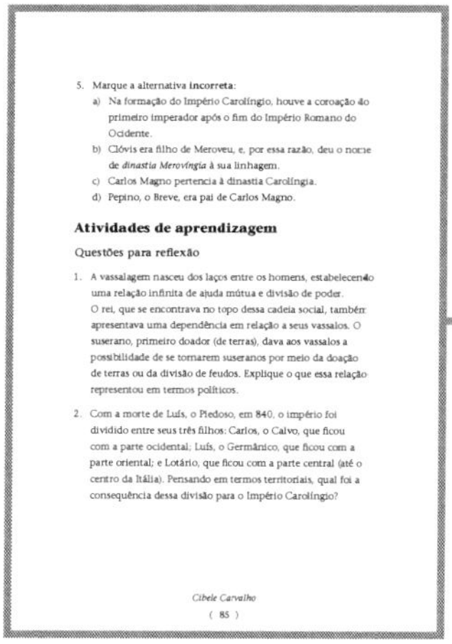

5. Marque a alternativa **incorreta**:
   a) Na formação do Império Carolíngio, houve a coroação do primeiro imperador após o fim do Império Romano do Ocidente.
   b) Clóvis era filho de Meroveu, e, por essa razão, deu o nome de *dinastia Merovíngia* à sua linhagem.
   c) Carlos Magno pertencia à dinastia Carolíngia.
   d) Pepino, o Breve, era pai de Carlos Magno.

Atividades de aprendizagem

Questões para reflexão

1. A vassalagem nasceu dos laços entre os homens, estabelecendo uma relação infinita de ajuda mútua e divisão de poder. O rei, que se encontrava no topo dessa cadeia social, também apresentava uma dependência em relação a seus vassalos. O suserano, primeiro doador (de terras), dava aos vassalos a possibilidade de se tornarem suseranos por meio da doação de terras ou da divisão de feudos. Explique o que essa relação representou em termos políticos.
2. Com a morte de Luís, o Piedoso, em 840, o império foi dividido entre seus três filhos: Carlos, o Calvo, que ficou com a parte ocidental; Luís, o Germânico, que ficou com a parte oriental; e Lotário, que ficou com a parte central (até o centro da Itália). Pensando em termos territoriais, qual foi a consequência dessa divisão para o Império Carolíngio?

Cibele Carvalho

(85)

Atividades de aprendizagem

Aqui apresentamos questões que aproximam conhecimentos teóricos e práticos a fim de que você analise criticamente determinado assunto.

Bibliografia comentada

Nesta seção, comentamos algumas obras de referência para o estudo dos temas examinados ao longo do livro.

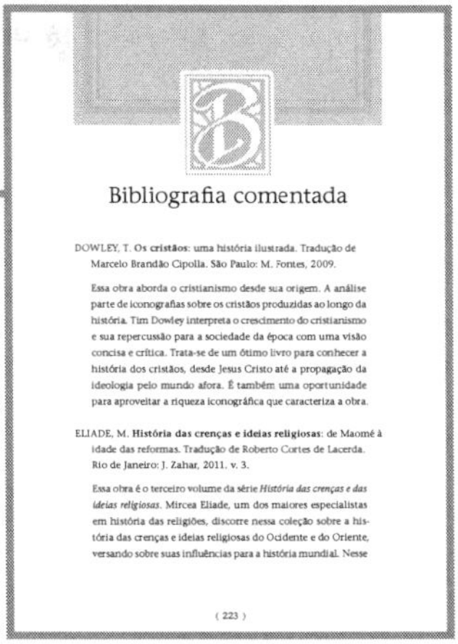
Bibliografia comentada

DOWLEY, T. **Os cristãos**: uma história ilustrada. Tradução de Marcelo Brandão Cipolla. São Paulo: M. Fontes, 2009.

Essa obra aborda o cristianismo desde sua origem. A análise parte de iconografias sobre os cristãos produzidas ao longo da história. Tim Dowley interpreta o crescimento do cristianismo e sua repercussão para a sociedade da época com uma visão concisa e crítica. Trata-se de um ótimo livro para conhecer a história dos cristãos, desde Jesus Cristo até a propagação da ideologia pelo mundo afora. É também uma oportunidade para aproveitar a riqueza iconográfica que caracteriza a obra.

ELIADE, M. **História das crenças e ideias religiosas**: de Maomé à idade das reformas. Tradução de Roberto Cortes de Lacerda. Rio de Janeiro: J. Zahar, 2011. v. 3.

Essa obra é o terceiro volume da série *História das crenças e das ideias religiosas*. Mircea Eliade, um dos maiores especialistas em história das religiões, discorre nessa coleção sobre a história das crenças e ideias religiosas do Ocidente e do Oriente, versando sobre suas influências para a história mundial. Nesse

(223)

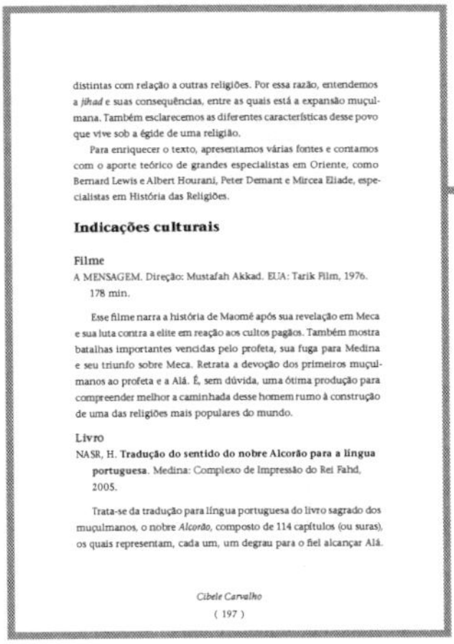
distintas com relação a outras religiões. Por essa razão, entendemos a *jihad* e suas consequências, entre as quais está a expansão muçulmana. Também esclarecemos as diferentes características desse povo que vive sob a égide de uma religião.

Para enriquecer o texto, apresentamos várias fontes e contamos com o aporte teórico de grandes especialistas em Oriente, como Bernard Lewis e Albert Hourani, Peter Demant e Mircea Eliade, especialistas em História das Religiões.

Indicações culturais

Filme

A MENSAGEM. Direção: Mustafah Akkad. EUA: Tarik Film, 1976. 178 min.

Esse filme narra a história de Maomé após sua revelação em Meca e sua luta contra a elite em reação aos cultos pagãos. Também mostra batalhas importantes vencidas pelo profeta, sua fuga para Medina e seu triunfo sobre Meca. Retrata a devoção dos primeiros muçulmanos ao profeta e a Alá. É, sem dúvida, uma ótima produção para compreender melhor a caminhada desse homem rumo à construção de uma das religiões mais populares do mundo.

Livro

NASR, H. **Tradução do sentido do nobre Alcorão para a língua portuguesa**. Medina: Complexo de Impressão do Rei Fahd, 2005.

Trata-se da tradução para língua portuguesa do livro sagrado dos muçulmanos, o nobre *Alcorão*, composto de 114 capítulos (ou suras), os quais representam, cada um, um degrau para o fiel alcançar Alá.

Cibele Carvalho
(197)

Indicações culturais

Para ampliar seu repertório, indicamos conteúdos de diferentes naturezas que ensejam a reflexão sobre os assuntos estudados e contribuem para seu processo de aprendizagem.

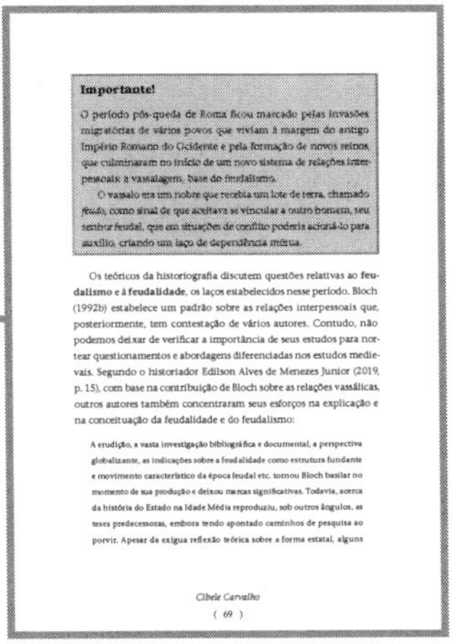
Importante!

O período pós-queda de Roma ficou marcado pelas invasões migratórias de vários povos que viviam à margem do antigo Império Romano do Ocidente e pela formação de novos reinos, que culminaram no início de um novo sistema de relações interpessoais: a vassalagem, base do feudalismo.

O vassalo era um nobre que recebia um lote de terra, chamado *feudo*, como sinal de que aceitava se vincular a outro homem, seu senhor feudal, que em situações de conflito poderia acioná-lo para auxílio, criando um laço de dependência mútua.

Os teóricos da historiografia discutem questões relativas ao **feudalismo** e à **feudalidade**, os laços estabelecidos nesse período. Bloch (1992b) estabelece um padrão sobre as relações interpessoais que, posteriormente, tem contestação de vários autores. Contudo, não podemos deixar de verificar a importância de seus estudos para nortear questionamentos e abordagens diferenciadas nos estudos medievais. Segundo o historiador Edilson Alves de Menezes Junior (2019, p. 15), com base na contribuição de Bloch sobre as relações vassálicas, outros autores também concentraram seus esforços na explicação e na conceituação da feudalidade e do feudalismo:

> A erudição, a vasta investigação bibliográfica e documental, a perspectiva globalizante, as indicações sobre a feudalidade como estrutura fundante e movimento característico da época feudal etc. tornou Bloch basilar no momento de sua produção e deixou marcas significativas. Todavia, acerca da história do Estado na Idade Média reproduziu, sob outros ângulos, as teses predecessoras, embora tendo apontado caminhos de pesquisa ao porvir. Apesar da exígua reflexão teórica sobre a forma estatal, alguns

Cibele Carvalho
(69)

Importante!

Algumas das informações centrais para a compreensão da obra aparecem nesta seção. Aproveite para refletir sobre os conteúdos apresentados.

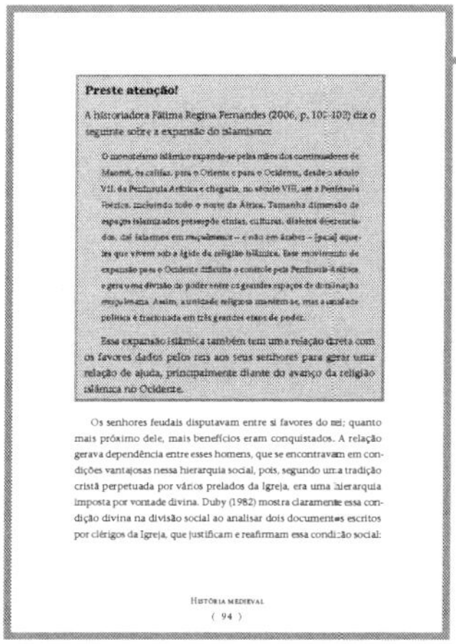
Preste atenção!

A historiadora Fátima Regina Fernandes (2006, p. 10[illegible]-103) diz o seguinte sobre a expansão do islamismo:

> O monoteísmo islâmico expande-se pelas mãos dos continuadores de Maomé, os califas, para o Oriente e para o Ocidente, desde o século VII, da Península Arábica e chegaria, no século VIII, até a Península Ibérica, incluindo todo o norte da África. Tamanha dimensão de espaços islamizados pressupõe etnias, culturas, dialetos diferenciados, daí falarmos em *muçulmanos* – e não em árabes – [para] aqueles que vivem sob a égide da religião islâmica. Esse movimento de expansão para o Ocidente dificulta o controle pela Península Arábica e gera uma divisão do poder entre os grandes espaços de dominação muçulmana. Assim, a unidade religiosa mantém-se, mas a unidade política é fracionada em três grandes eixos de poder.

Essa expansão islâmica também tem uma relação direta com os favores dados pelos reis aos seus senhores para gerar uma relação de ajuda, principalmente diante do avanço da religião islâmica no Ocidente.

Os senhores feudais disputavam entre si favores do rei; quanto mais próximo dele, mais benefícios eram conquistados. A relação gerava dependência entre esses homens, que se encontravam em condições vantajosas nessa hierarquia social, pois, segundo uma tradição cristã perpetuada por vários prelados da Igreja, era uma hierarquia imposta por vontade divina. Duby (1982) mostra claramente essa condição divina na divisão social ao analisar dois documentos escritos por clérigos da Igreja, que justificam e reafirmam essa condição social:

História medieval
(94)

Preste atenção!

Apresentamos informações complementares a respeito do assunto que está sendo tratado.

Introdução

O chamado *período medieval*, que vai do século V ao século XV, é convencionalmente dividido pela historiografia em Alta Idade Média (entre os séculos V e X) e Baixa Idade Média (entre os séculos XI e XV). Essa divisão em dois períodos aconteceu, em parte, para facilitar o estudo pelos pesquisadores, bem como para diferenciar os avanços que ocorreram de um período para outro. Porém, devemos ressaltar que essa periodização é pertinente a um contexto de Europa Ocidental, configurada por historiadores europeus. A seguir, apresentamos um trecho que explica as razões para tal convenção:

> Só no século XVIII, na França, conceituação e limites do Medievo foram aceitos. Essa aceitação chegou à Inglaterra, e estendeu-se ao Continente Europeu. Superado esse problema, surgiu um outro: o das subdivisões. A Idade Média não era vista como uma unidade inconsútil. Na França, chamou-se Alta Idade Média ao período que se prolongaria até as Cruzadas; e Baixa Idade Média ao período que se iniciou logo após e terminou no século XV. Os alemães e os ingleses preferem outra subdivisão: Alta Idade Média (séculos XII e XIII); Idade Média Tardia, para o período terminal; Primeira Idade Média (séculos XI a XIII) e Última Idade Média (séculos XIII a XV). Há outras designações em inglês: Alta Idade Média e Idade

> Média Central. Todas estas divisões contêm, porém, o seu grão de arbitrariedade histórica. (Loyn, 1997, p. 10)

Já para Bastos e Pachá (2011, p. 511):

> A Idade Média nos ajuda a desvelar o que temos de mais específico, distintivo e marcante em nossa contemporaneidade, isto é, a sua historicidade. Se a História é a disciplina do contexto e do contraste, amputá-la de qualquer parcela de temporalidade promove, necessariamente, o seu empobrecimento e a sua redução a um presentismo perigoso que caracteriza uma abjeta eternização do presente e, com ela, a naturalização dos horrores da era do capital.

No que tange à teorização histórica sobre a Idade Média, as lacunas são inúmeras e ainda estão longe de uma definição definitiva. Entretanto, podemos afirmar que o estudo e a pesquisa sobre esse período, querendo ou não, tem uma influência direta sobre a modernidade que vem na sequência.

Essa época marcou uma nova visão, extremamente centrada na religiosidade e na delimitação de fronteiras. Um universo de leigos e iletrados povoava a Idade Média; vários reis subiram ao trono sem saber escrever uma única palavra – pois ler e escrever era um privilégio para poucos. A Igreja soube, ao longo da medievalidade, dominar e divulgar o saber da maneira que mais lhe convinha, mas isso não significa que ninguém produzia nada, a não ser dentro do clero. Temos várias obras realizadas pelos leigos e que se tornaram notórias. As mulheres produziram escritos dos mais variados, muitos de cunho religioso, como Hildegarda de Bingen, que produziu diversos escritos:

> Além de obras de caráter religioso, Hildegarda escreveu obras científicas inicialmente oriundas da observação da natureza, e que poderiam ser consideradas atualmente como obras de farmacologia, botânica, geologia,

> cosmologia ou medicina. Foi igualmente poeta, linguista, compositora musical, pregadora da fé cristã, exorcista, teóloga e exegeta, além de uma personagem participante da política de seu tempo. Trocou correspondências com pessoas influentes, como o Papa Beato Eugênio III (1080-1153; papado 1145-1153) e Bernardo de Claraval (1090-1153; canonizado em 1174), além do imperador Frederico Barba-Ruiva. (Martins, 2020, p. 4)

Isto é, dentro da própria Igreja, havia uma clara distinção entre os letrados e os iletrados (Verger, 1999, p. 16-32). O baixo clero, por exemplo, era composto, em sua maioria, por iletrados (analfabetos). Os clérigos que compunham o baixo clero e que tinham algum domínio das letras escreviam, mas muito pouco desse material chegou até nós.

Segundo uma visão crítica da história[1], considerando-se as mais diversas fontes, a Idade Média representa uma construção de fatos e acontecimentos que culminaram em guerras e no surgimento de uma visão mais humana dos seres vivos. Mesmo sendo considerada durante muito tempo como a *Idade das Trevas*, trata-se de um período de renascimento comercial, econômico e cultural. É possível, por exemplo, encontrar uma vasta produção iconográfica e literária nessa época que, mesmo sendo predominantemente de cunho religioso, pode ser desvinculada do teocentrismo pungente – abrindo caminho para um humanismo nascente.

---

1 *"Uma outra Idade Média é – no esforço do historiador – uma Idade Média total, elaborada tanto a partir das fontes literárias, arqueológicas, artísticas, jurídicas, como a partir dos únicos documentos outrora concedidos aos medievalistas 'puros'. É, repito, uma longa Idade Média, em que todos os aspectos se estruturam num sistema que, no essencial, funciona desde o Baixo Império romano até a Revolução Industrial dos séculos XVIII e XIX. É uma Idade Média profunda que o recurso aos métodos etnológicos permite abarcar nos seus hábitos cotidianos, nas suas crenças, nos seus comportamentos, nas suas mentalidades" (Le Goff, 2013, p. 12).*

Para a análise sobre a denominada *longa Idade Média*, é necessário definir termos e conceitos fundamentais para a compreensão de uma sociedade tão diversificada e crescente.

Nunca devemos pensar na sociedade medieval como aquela composta por três classes, uma independente da outra. Pelo contrário, uma adquiriu características da outra ao longo do processo histórico. Sobre a questão da longa duração, Le Goff (2013, p. 10-11) afirma:

> Ora, a longa duração pertinente da nossa história – para nós enquanto homens de profissão e homens vivendo no fluxo da história – me parece ser esta longa Idade Média que durou desde o século II ou III da nossa era para morrer lentamente sob os golpes da Revolução Industrial – as evoluções industriais – entre o século XIX e nossos dias.

As transformações pelas quais passou a chamada *longa Idade Média* também serão objeto da análise deste livro. Também trataremos da influência da oralidade na vida de uma sociedade leiga e, em sua maioria, iletrada. Compreender a sociedade, nessa época, muitas vezes, era uma questão de ouvir e observar para aprender. As iconografias têm um papel relevante na construção do imaginário feudal, bem como as lendas e os mitos transmitidos oralmente. Na medida do possível, identificaremos algumas correntes artísticas do período, dando ênfase aos chamados *artistas pré-renascentistas*, como Giotto di Bondone.

Em síntese, o período medieval pode ser visto como um momento de mudanças significativas na mentalidade dos indivíduos da época. Havia uma Igreja que tentava se autoafirmar com base em documentos que reforçavam seu poder; paralelamente, existia uma tentativa da realeza de centralizar seu poder, já que no feudalismo (sistema predominante na Europa Ocidental) havia uma descentralização natural do poder real – por exemplo, um feudo podia ser doado, e quem o recebia poderia dividi-lo com outro nobre, iniciando novamente o esquema vassálico. Assim, o poder encontrava-se descentralizado. Tudo isso será analisado ao longo dos quatro capítulos que compõem esta obra.

Os autores em que fundamentamos nossa construção teórica para compor as páginas deste livro são referência na historiografia. Abordaremos conceitos e refletiremos sobre suas respectivas aplicações, para uma melhor compreensão dos séculos analisados. A viagem pela medievalidade proposta aqui trará a você, leitor, a chance de aprender mais sobre uma época tão rica e com tanta diversidade. A erudição medieval foi construída por conhecidos e desconhecidos ao longo de seus quase mil anos. As fontes relativas ao período nos dão a chance de entender e analisar esse período de modo a construir um olhar mais apurado e crítico.

CAPÍTULO 1

Reinos romano-germânicos e sua formação

Com a desagregação do Império Romano do Ocidente, vários grupos romano-germânicos, entre os quais destacamos os germânicos, logo se estabeleceram e impuseram sua forma de organização social, pautada em laços sanguíneos e fidelidade ao líder.

> Com as invasões bárbaras no século V, a Europa ocidental se fragmentou em vários reinos. O Império Romano não resistiu às pressões externas daquelas tribos. Vândalos no norte da África, visigodos na Península Ibérica, francos na atual França, anglos e saxões na Inglaterra, muitas foram as culturas que se assentaram no território romano. (Costa, 2021)

A partir da ação de tais grupos, parte da Europa Ocidental passou por uma reconfiguração geopolítica (ver Mapa A, na seção Caderno de Mapas), em meados do século VI. As migrações mudaram o mapa da Europa Ocidental.

Tendo em vista esse formato geopolítico, iniciaremos nossa investigação sobre os chamados *povos "bárbaros"* abordando os reinos em formação e as estruturas de poder centralizadas na figura de um rei com poderes reconhecidos pelos seus pares – sistema que só viria a mudar com os favores entre o rei e seus guerreiros. O crescimento e a estruturação dessa sociedade nascente e o domínio de um grupo sobre os demais serão os eixos de nossa análise nas páginas seguintes.

(1.1)
Povos germânicos

A historiografia atual discute muito a aplicação do termo *bárbaro*, em virtude de sua associação a um preconceito àquilo que é diferente. Por essa razão, iremos nos referir aos povos que viviam à margem da civilização clássica como ***recém-chegados***.

As migrações desses povos inicialmente foram pacíficas e, posteriormente, a violência contrastou nessa sociedade de maneira mais visível.

> A noção de bárbaro no universo cultural e simbólico romano é utilizada para designar todos os povos que não compartilham da civilização clássica vivendo simultaneamente à margem desta, mas também em relação com ela. Portanto, é uma concepção que abrange um conjunto múltiplo e variado de sociedades. Apesar do caráter pejorativo que ao longo de muitos séculos este termo carrega, ele se adéqua melhor à nossa análise do que a terminologia de germano por dois motivos. Primeiro, aponta para a diversidade e heterogeneidade dos povos que, a partir do *limes*[1], entraram em contato com Roma e sua cultura e que posteriormente se assentaram no território imperial, algo escamoteado pela ideia de germano que tende a uniformizar e homogeneizar esses povos. Além disso, o conceito de bárbaro remete à partilha identitária fundamental que marca o mundo antigo, ou seja, aquela entre civilização e barbárie. Especialmente porque, ao longo da Antiguidade tardia, esta partilha identitária se modifica exatamente pela incorporação dos "bárbaros" à Paideia. No entanto, é importante frisar que neste trabalho nossa análise irá se deter somente naquelas nações "bárbaras" estabelecidas no *limes* renano-danubiano e que ao longo da Antiguidade Tardia se assentaram na porção ocidental do Império Romano e assim progressivamente constituíram os reinos romano-bárbaros. (Cruz, 2014, p. 14)

Além disso, devemos salientar que há também uma ampla discussão historiográfica sobre a utilização do termo *povos germânicos* para designar as populações que viviam ao norte do Império Romano,

---

1 Limes *eram os limites do antigo Império Romano, áreas com fortificações ou habitações que serviam para delimitar o território.*

formadas por anglo-saxões, ostrogodos, vândalos, bretões, visigodos e francos. Esses povos eram politeístas, tinham a mesma base linguística, os mesmos hábitos alimentares e a mesma forma de se vestir – as roupas eram geralmente confeccionadas com peles de animais. Porém, como mencionamos, a historiografia debate essa designação. Silva e Albuquerque (2015, p. 347) afirmam o seguinte sobre a obra de Walter Goffart, um dos maiores críticos desse termo:

> Quando o assunto é desconstruir identidades, poucos são tão incisivos quanto o canadense Walter Goffart. Além de suas teorias sobre a política de assentamento dos bárbaros no território imperial, Goffart ataca diretamente o conceito que se tem por "germânico" e a forma como este conceito é utilizado. Para o autor muito do que compreendemos do "mundo germânico" é fruto de uma construção ideológica alemã, que se inicia com a redescoberta dos escritos de tácito no século XV, atingindo seu ápice no século XIX, quando as tendências políticas e intelectuais da época (romantismo, pan-germanismo, filologia, teoria da raça ariana, dentre outras) buscavam legitimar uma unificação do mundo nórdico. (Silva; Albuquerque, 2015, p. 347)

Para Goffart, a construção do termo *germânico* é uma legitimação da historiografia alemã; portanto, uma construção histórica de raízes nacionalistas. Temos autores favoráveis e contrários a essa ideia, e estamos longe de uma definição definitiva sobre essa questão. Porém, não podíamos deixar de referenciar esses conflitos em torno de um termo que, para muitos, remete a uma historiografia tradicional.

> Apesar das controvérsias envolvendo a negação das migrações e outras afirmações sobre os assentamentos de estrangeiros no território Imperial, a obra de Goffart é um grande marco historiográfico. Goffart sepultou, praticamente, todos os clichês do mundo tardo-antigo, como o Império

> Romano ter sido destruído pelos bárbaros, a origem escandinava dos godos, ou mesmo a veracidade das narrativas de Jordanes, Gregório de Tours, Beda e Paulo Diácono. (Silva; Albuquerque, 2015, p. 347)

As fontes tardo-antigas que designavam esses povos que viviam ao norte como germânicos não levavam em consideração os aspectos individuais, seja por questões de cultos religiosos e costumes, seja por questões cotidianas. Simplesmente determinaram essa classificação e, por muito tempo, ela se legitimou como uma verdade. Contudo, na história, sabemos que tudo são representações. Para esses homens da Antiguidade tardia, esse termo os definia, mas agora podemos contestar essas terminologias.

Os romanos, durante muito tempo, protegeram suas fronteiras da entrada de tais grupos. Alguns deles até se tornaram seus aliados, como os francos, que se tornaram uma espécie de "colonos" no território romano, e outros grupos que ingressaram no exército romano. Ainda assim, a maioria era vista como uma ameaça constante e perigosa pelos imperadores romanos.

Importante!

Na historiografia do século XX, é preciso tomar cuidado com a utilização de certos termos ao nos referirmos ao fim do Império Romano do Ocidente, como sinaliza Silva (2001, p. 68):

> De acordo com essa perspectiva, o fim do Mundo Antigo não pode e nem deve ser visto como um período de decadência, queda ou declínio, mas sim de surgimento de novas concepções religiosas e estéticas, de novas invenções e técnicas artísticas que exerceram uma inegável influência sobre as civilizações posteriores. Todas essas transformações se encontram encerradas no conceito de *Antiguidade*

Tardia, o qual possui a atribuição precípua de valorizar a especificidade de um mundo marcado pela fusão da cultura pagã clássica com os valores cristãos e bárbaros que há de aprender-se a reconhecer em sua originalidade e a julgar-se por si mesmo e não através dos cânones de outras idades (Marrou: 1980: p. 15).

A perspectiva apontada demonstra que há uma renovação dessa sociedade, não uma decadência. A Escola dos Annales realizou uma ampla discussão a respeito do melhor termo para descrever essa passagem. O fato, porém, é que a mudança ou adaptação veio com novos pressupostos para a sociedade, que de maneira nenhuma eliminou a cultura e a diversidade da sociedade romana, mas adaptou ritos, costumes e tradições para dar início à Idade Média.

Quando as forças políticas estavam bem pouco coesas, houve um gradativo enfraquecimento do Império Romano por diversas razões, entre as quais podemos apontar a superioridade militar dos povos recém-chegados e a cumplicidade da massa da população romana (Le Goff, 2005). Porém, sabemos que a questão vai muito além desses dois aspectos. Os povos que migraram, apesar de apresentar instituições e costumes próprios, sabiam da organização que havia no império e que utilizá-la para construir seus reinos ajudaria muito no desenvolvimento desses grupos.

Desse modo, teve início um processo de assentamento dos recém-chegados (as migrações eram constantes para o interior dos *limes* romanos) e de definição dos reinos que se formaram com o fim do Império Romano do Ocidente. Ainda assim, o império sobreviveu no desejo dos recém-chegados de se "romanizarem", mantendo-se estruturas e hábitos romanos (mesclando a cultura romana dos que permaneceram com a cultura dos grupos recém-chegados) – vários desses grupos, inclusive, converteram-se ao cristianismo, religião oficial do desagregado Império Romano do Ocidente.

O processo de trocas culturais entre os grupos migratórios ocorreu de modo relativamente sistemático – cabe salientar que muitos desses povos tinham o desejo de serem romanos (na verdade, de formar um império como o dos romanos) ou de utilizarem algumas instituições já criadas para benefício próprio.

A adoção de costumes e hábitos romanos ocorreu de maneira gradativa (em alguns casos, com o uso da violência), e a cristianização foi a confirmação desse processo de troca cultural. As mulheres tiveram uma participação expressiva na cristianização dos reis pagãos, visto que geralmente eram as primeiras a se converterem. Um exemplo é Clotilde, esposa de Clóvis, rei dos francos. Antes desse período de conversão, todos os povos bárbaros eram pagãos, ou seja, cultuar divindades relacionadas às forças da natureza fazia parte de seus costumes – o politeísmo estava extremamente enraizado em seu cotidiano. Mas a formação desses reinos não significou o fim dos rituais pagãos, embora houvesse uma utilização, muitas vezes velada, desses costumes e algumas tradições tenham sido mantidas dentro desse cristianismo que nascia com a formação desses reinos.

Preste atenção!

De acordo com Gregório de Tours (citado por Pedrero-Sánchez, 2000, p. 44-45), assim foi o batismo de Clóvis com a influência direta da Rainha Clotilde:

> Todavia a rainha não deixava de pedir ao rei que reconhecesse o verdadeiro Deus e abandonasse os ídolos; mas nada o podia levar a

> essa crença, até que, tendo surgido uma guerra contra os Alamanos, ele foi forçado pela necessidade a confessar o que sempre tinha negado obstinadamente [...] Então a rainha chamou em segredo São Remígio, bispo de Reims, suplicando-lhe que fizesse penetrar no coração do rei a palavra da salvação. O sacerdote, tendo-se posto em contato com Clóvis, levou-o pouco a pouco e secretamente a acreditar no verdadeiro Deus, criador do céu e da terra, e a renunciar aos ídolos, que não lhe podiam ser de qualquer ajuda, nem a ele nem a ninguém [...] O rei, tendo pois confessado um Deus todo-poderoso na Trindade, foi batizado em nome do Pai, do Filho e do Espírito Santo e ungido do santo Crisma com o sinal-da-cruz. Mais de três mil homens do seu exército foram igualmente batizados [...]

Clotilde foi uma das maiores incentivadoras do processo de conversão do marido. Há várias fontes que relatam sua insistência para que ele se convertesse ao cristianismo. Gregório de Tours, em sua obra *História dos francos*, legitima a monarquia franca e estabelece uma justificação divina para todos os atos dos reis pós-conversão.

A cristianização praticada pela Igreja surtiu efeito logo no início da formação do principal reino bárbaro. Toda a narração lendária criada em torno da conversão de Clóvis serviu para fortalecer laços e determinar hierarquias – a junção de religião e acontecimentos míticos era uma tradição recorrente na cristandade. A escolha dos francos para serem os primeiros a se cristianizarem tem uma carga de juízo de valor, visto que muitos francos já eram aliados dos romanos e só faltava oficializar esse laço. A Igreja Católica Apostólica Romana não deixou essa oportunidade passar, e tornou o ato de batizar uma cerimônia de estabelecimento de laços. É claro que temos uma historiografia com tendências eurocêntricas bem presentes, reforçando a superioridade de alguns em detrimentos de outros. Posteriormente, outros povos passaram pelo mesmo processo, como os visigodos. O historiador Ruy de Oliveira Andrade Filho (2012, p. 192, grifo do original) esclarece o seguinte sobre a formação do reino de Toledo, de origem visigoda:

> A Monarquia católica visigoda, a *societas fidelium Christi*, não seria **criada**, mas **formada** como cristã. Portanto, não se instala, mas se insere: uma religião – tal como o cristianismo ou o islã – sempre se apoia nos instintos e nas características religiosas presentes anteriormente no meio. É uma condição básica: a moldura do espelho não lhe distorce a imagem, confere-lhe uma forma. Não há legislador, político ou proposta que imponha suas normas de forma duradoura e, paralelamente, altere de forma radical os hábitos milenares do cotidiano. Tentar acomodar o espelho a um limite menor que ele significa quebrá-lo.

Mais uma vez, realizou-se uma construção lendária do processo de conversão nas várias fontes sobre o episódio.

Importante!

A queda de Roma, no ano de 476, marcou o início da evangelização por parte da Igreja, destacando-se o batismo de um dos principais reis germânicos, o Rei Clóvis, em 496. O acontecimento que marcou o fim da Antiguidade e a entrada da Idade Média não poderia ser outro senão a queda de um dos maiores impérios ocidentais da história. Vários autores cristãos relataram a sucessão de invasões que culminaram na queda de Roma.

Agostinho de Hipona (354-430), ou Santo Agostinho, apresenta o seguinte relato sobre uma invasão ocorrida no ano de 410:

> Do mesmo modo, Roma sofreu uma só tribulação na qual o homem piedoso ou se salvou ou se corrigiu e o ímpio, porém, foi condenado. E condenado, dizia eu, quer tenha sido arrebatado desta vida para onde mais possa sofrer as suas justíssimas penas, quer haja permanecido nela, onde de modo ainda mais condenável continue a blasfemar. Ou talvez, na sua inefável clemência, Deus tenha reservado a penitência aos que sabe que pode salvar. Não nos perturbe, pois, o sofrimento dos justos; trata-se de uma provação. (Agostinho, 2010, p. 31)

Agostinho de Hipona foi responsável por vários relatos e depoimentos sobre esse período tão conturbado de Roma. Um deles é *De civitate Dei*, ou seja, *Cidade de Deus*, umas das várias obras literárias do período, em que o filósofo definiu as relações entre a sociedade humana e a sociedade divina.

O clero produziu extensos relatos, muitos de cunho pejorativo, sobre os povos migratórios ou recém-chegados. No entanto, ao analisar uma fonte, devemos procurar o que ela diz sem querer. Ainda mais quando nos referimos a fontes eclesiásticas, principalmente a uma Igreja em um período de gradual tomada de poder, em que uma mudança de governo poderia trazer problemas para ela. As invasões não eram bem-vistas, mas as migrações ocorreram de maneira mais ou menos sistemáticas. Os vários documentos dos prelados da Igreja apresentam uma visão limitada, mas rica. Os detalhes e o que é dito nas entrelinhas tornam essas fontes inesgotáveis.

Os relatos e depoimentos, principalmente dos "homens da Igreja"[2], a respeito da queda do Império Romano do Ocidente são de suma importância, visto que são uma das fontes mais utilizadas para

2 *São considerados* homens da Igreja *os membros da Igreja, como monges, bispos, arcebispos, cardeais e papas. Eram homens letrados e com acesso a documentos oficiais do império, bem como da própria Igreja.*

estudar as invasões dos povos que habitavam as regiões à margem da fronteira do império. A Igreja tinha, muitas vezes, uma visão restrita sobre esses povos, generalizava suas características individuais e acabava, por vezes, englobando-os em um único grupo, como se não houvesse tradições, costumes e hábitos próprios que os distinguissem entre si. Os povos recém-chegados também apresentam relatos, mas muitos perpetuados na tradição oral.

A chegada sucessiva e a instalação dos recém-chegados nos territórios romanos levou à queda de Roma, fato que gerou uma inevitável fusão (troca cultural) entre esses povos e os romanos, levando a um processo de contato, assimilação e sedenterização desses grupos – afinal, Roma caiu, mas os romanos não. Assim, podemos afirmar que a desagregação do Império deve ser tratada como um tema de história política. Não daquela que faziam os nossos predecessores, mas de uma história política renovada em virtude do imenso instrumental teórico de que dispomos atualmente (Rémond, 1996).

Praticamente todos os cidadãos romanos permaneceram dentro do antigo território e se adaptaram a uma nova realidade, bem como os povos recém-chegados tentaram adquirir os costumes dos locais e transferir seus costumes e tradições – a isso dá-se o nome de *troca cultural* (Barbero, 2010). O termo *recém-chegados*, aliás, parece de fato ser mais coerente com esse movimento histórico, pois também refuta a terminologia *invasões*, que apresenta sério valor pejorativo para designar aqueles envolvidos nesse processo migratório (Amaral, 2014, p. 12): "O termo invasões, assim como o próprio termo bárbaro, encerra, portanto, não uma verificação histórica de um acontecimento tal como se dera, mas uma valoração de uma cultura em detrimento de outra".

Nesse período, também ocorreu uma ruralização, pois Roma já não era mais segura e estável, o que levou as pessoas a se refugiarem no campo, sempre à procura de um lugar seguro para viver com a família, longe da insegurança urbana. Assim, temos um **êxodo rural**, com a valorização da terra em virtude do trabalho rural. A vida rural tornou-se importante para a manutenção da vida e adquiriu *status* de lugar seguro, longe da violência dos centros urbanos. Os povos migratórios, que viviam em um processo de deslocamento, agora formavam assentamentos mais duradouros ou permanentes, construindo coisas mais duráveis. As vilas se estruturaram e, pouco tempo depois, deram contorno às cidades.

Os povos germânicos tiveram importância na formação dos novos reinos no interior da Europa Central. Nesse grupo, incluíam-se os francos, que dominaram outros povos e formaram um sólido império. Esse grupo se organizou nas bases romanas e mesclou-as às suas tradições germânicas. Como mencionamos, todo "bárbaro" em algum momento desejou ser incorporado ao vasto Império Romano. O desejo de inclusão do grupo prevaleceu, e a crise do império foi a oportunidade perfeita para o início das migrações (violentas ou pacíficas). O sentimento de pertencimento a algo maior era muito forte e presente entre vários grupos germânicos, que, com o passar do tempo, se aliaram aos romanos.

Os germânicos tinham como base o sistema de **nomadismo**, cujos deslocamentos ocorriam com certa frequência. Com as migrações, esses grupos entraram em um processo de pré-sedentarização. O início do deslocamento para dentro dos limites romanos gerou a fixação desses grupos em determinadas partes (como pode ser observado no Mapa A, indicado no Caderno de Mapas).

Desde o século III, várias regiões do Império Romano conviviam com uma ocupação discreta dos povos germânicos. Muitos deles viviam no território romano em troca de favores realizados para os romanos.

> Os recém-chegados colaboram de forma decisiva para a desagregação do poder imperial nas províncias tardo-romanas do Ocidente, mas não devemos esquecer que de um lado os reinos que emergem são herdeiros da tradição estatal baixo-imperial e por outro o Império Romano continua a existir nas regiões orientais do Mediterrâneo firmemente controladas, diretamente de Constantinopla, pelo imperador. (Mamedes; Cruz, 2014, p. 30)

Os povos recém-chegados se organizavam por meio da união entre as famílias, formando clãs ou tribos. A sociedade germânica era **patriarcal**, ou seja, todo poder e liderança emanavam do pai, geralmente o integrante mais velho do grupo. A mulher tinha seu papel determinado na criação dos filhos e, na ausência do pai, era responsável pela defesa da casa. Diferentemente do que encontramos na sociedade romana, a mulher germânica estava ao lado do marido em quase todas as situações e não apresentava esse caráter de fragilidade determinado pela sociedade ocidental cristianizada. Participavam diretamente de muitos combates com os maridos e os filhos eram tutelados e disciplinados por elas.

Ao chefe familiar cabiam as decisões referentes ao seu núcleo. Isso gerava uma descentralização do poder, que acabava dividido entre vários chefes tribais ou clãs, cada qual com suas leis e costumes. Não havia coesão entre as tribos ou clãs em prol de um líder único e, por isso, os povos germânicos acabavam enfraquecidos diante de outras tribos rivais. Marc Bloch (1992, p. 171) define essa relação de dependência entre homens na época merovíngia da seguinte maneira:

> Com efeito, imaginemos a sociedade da época merovíngia. Nem o Estado nem a linhagem ofereciam protecção suficiente. A comunidade da aldeia apenas dispunha da força que lhe dava a sua polícia interna.

> A comunidade urbana mal existia. Por toda a parte os fracos sentiam a necessidade de se aproximarem de alguém mais poderoso do que eles. Os poderosos, por sua vez, apenas podiam manter o seu prestígio e a sua fortuna, ou até garantir a sua segurança, angariando, por meio da persuasão ou da força, o apoio de inferiores obrigados a ajudarem-nos. De um lado, situava-se a fuga para junto de um chefe; do outro, atitudes de comando, por vezes brutais. E, porque as noções de fraqueza e de força são sempre relativas, em muitos casos, o mesmo homem era simultaneamente dependente de um mais forte e protector de outros mais humildes do que ele. Assim começou a instituir-se um vasto sistema de relações pessoais, cujos fios cruzados percorriam todos os andares do edifício social.

Durante os períodos de conflito, eram formados grupos de guerreiros armados, o *comitatus*, sendo também escolhido um chefe para liderá-los. Quem fazia parte do *comitatus* devia jurar fidelidade ao chefe, prometendo ficar ao seu lado em qualquer circunstância. O chefe, por sua vez, comprometia-se a sempre proteger seus comandados. Esse sistema de organização social definiu alguns parâmetros para o que mais tarde ficou conhecido como *vassalagem* dentro do sistema feudal (predominante na Europa Central) – uma prática comum entre os povos germânicos.

Sobre os reis e chefes saxões, Calmette (1935, citado por Pedrero-Sánchez, 2000, p. 32) afirma:

> Os chamados Velhos Saxões não têm rei, mas um grande número de chefes colocados à cabeça de sua nação. Em caso de guerra iminente, havia um sorteio com critérios iguais para todos; e aquele que a sorte favorecesse, era seguido como general todo o tempo de guerra; obedeciam-no, mas, finda a guerra, todos os chefes tornavam a ser iguais em poder.

Os povos germânicos adotavam esse esquema de defesa para períodos de guerra; assim, tornavam-se mais fortes contra inimigos comuns. Como mencionamos, as mulheres também participavam, em períodos de guerra, da defesa familiar. Na ausência do marido, eram responsáveis pela segurança dos filhos. Se compararmos com a atuação feminina na cultura clássica, seu papel era mais relevante e ativo na sociedade pública entre os povos migratórios. Essa era, em resumo, a base estrutural dos povos germânicos. Considerando-se que havia realmente um "povo germânico", porque, como já ressaltamos, a discussão historiográfica está longe de se encerrar sobre esse assunto.

(1.2)
Império Carolíngio

Aqui nos debruçamos sobre o Império Carolíngio e como foi realizada sua construção histórica para legitimar o reino francês e, posteriormente, o alemão. O reino franco que se formou na região da Gália garantiu certa estabilidade por meio de alianças com a Igreja Católica e assumiu uma posição hegemônica entre os reinos germânicos. Segundo Perry Anderson (2004, p. 113-114):

> Todos os maiores invasores germânicos eram pagãos às vésperas de sua irrupção no Império. A organização social tribal era inseparável das religiões tribais. A passagem política de um sistema de Estado territorial também era inevitavelmente acompanhada pela conversão ideológica ao cristianismo – que parece ter ocorrido em todos os casos numa geração durante o início do cruzamento das fronteiras. Isso não foi fruto missionário da Igreja Católica, que ignorava ou desprezava os recém-chegados ao Império.

Para Anderson (2004), os francos iniciaram a aliança com a Igreja e não o contrário – e havia uma intencionalidade nesse ato. Alguns historiadores apontam Clóvis como o primeiro grande rei dos francos, fundador da dinastia Merovíngia[3], que se converteu ao cristianismo em 496. Há várias fontes que mencionam esse momento.

Para o historiador Marcelo Candido da Silva (2008, p. 81), a conversão de Clóvis se deu da seguinte maneira:

> Clóvis teria invocado a ajuda de Cristo no momento em que seu exército estava prestes a ser exterminado [na batalha de Tolbiac], comprometendo-se, em troca, a ser batizado. Após o triunfo sobre os alamanos, a rainha Clotilde teria mandado chamar o bispo de Reims, e ele teria convencido Clóvis a aceitar a palavra da Salvação.

Já para Le Goff (2010, p. 50) essa ascensão franca "deu-se em dois tempos. Por um lado, no final do século V e no século VI com Clóvis e seus filhos [...] e, de outro lado, no século VIII". A conversão de Clóvis, cujo reinado foi de 481 a 511, para o cristianismo significou a união da Igreja com o novo reino que se formava. Clóvis se tornou um símbolo dessa cristianização que se iniciou entre os povos recém-chegados. De acordo com Le Goff (2010, p. 108, o "primeiro foi a sagração do rei de Reims no começo de seu reinado, que lembrava o caráter excepcional da monarquia franca batizada em Reims na pessoa de Clóvis por um óleo milagroso trazido do céu pela pomba do Espírito Santo e que se transformou em óleo de sagração". A conversão de Clóvis pelo bispo de Reims pode ser considerada o primeiro passo dado pela Igreja para iniciar o processo de evangelização entre os recém-chegados.

---

3 *A primeira dinastia dos francos recebeu o nome de* Merovíngia, *em homenagem a Meroveu, avô de Clóvis.*

A partir desse ato simbólico de conversão, todos os reis francos após Clóvis foram considerados protetores do catolicismo e representantes dessa união do poder espiritual (Igreja) com o poder temporal (Estado). Isso marcou a sedentarização desse grupo específico e o início do processo de feudalização. Hilario Franco Júnior (1983, p. 15-16) retrata o sistema criado na dinastia Merovíngia da seguinte maneira:

> De fato, os reis merovíngios remuneravam seus servidores entregando a cada um deles uma extensão de terra a título de *beneficium*: ou seja, concedia-se o usufruto (e não a plena propriedade) de um bem imóvel em troca de determinados serviços prestados. Tal concessão era feita vitaliciamente, mas como quase sempre era renovada em favor do herdeiro do concessionário falecido, com o tempo tendia a se tornar hereditária. Desta forma, o concessor perdia aos poucos o controle sobre os benefícios cedidos e, portanto, sobre os próprios servidores assim remunerados. Não muito diferente foi o destino de um tipo de *beneficium* (o mais comum, aliás, na época merovíngia) que implicava certo pagamento ao concessor: *precaria*. Muitas vezes, o detentor de um benefício recebia um importante privilégio, que esvaziava ainda mais o poder real, a imunidade (*immunitas*).

Esse sistema de concessões e cargos esvaziou o poder real e descentralizou o poder. Após a morte de Clóvis, no ano de 511, o reino franco foi dividido entre seus herdeiros, o que enfraqueceu a dinastia Merovíngia. De acordo com Thomas E. Woods Jr. (2019, p. 22):

> A linhagem dos reis merovíngios, à qual pertencia Clóvis, perdeu o seu vigor ao longo dos séculos VI e VII. Eram governantes incompetentes e, além disso, lutavam ferozmente entre si; não era incomum que queimassem vivos os membros de famílias rivais. No transcorrer das suas lutas pelo poder, muitas vezes concediam aos aristocratas francos poder

e territórios em troca de apoio, e em consequência enfraqueciam-se cada vez mais. O historiador Norman Cantor chegou a descrevê-los na sua última fase como um conjunto de mulheres, crianças e débeis mentais.

Se desconsiderarmos a visão pejorativa empregada por Woods Jr. (2019) ao se referir aos francos, perceberemos que após Clóvis não houve o mesmo vigor e a mesma liderança na dinastia Merovíngia, que acabou sucumbindo com a entrada em um sistema de concessões e cargos públicos que cada vez mais tirava a centralidade do rei.

O rei passou a ser uma figura mais representativa, pois quem de fato comandava o reino era o *majordomus*[4] (prefeito do palácio), que era o principal assessor do rei. Carlos Martel (686-741) foi o *majordomus* que teve maior destaque. Considerado um dos defensores da cristandade, lutou contra os muçulmanos na célebre Batalha de Poitiers, em 732, onde se consagrou vencedor e foi ovacionado por seus guerreiros. O poder do *majordomus* cresceu muito a partir desse acontecimento histórico. Seu sucessor no cargo foi seu filho Pepino, o Breve, que arquitetou, com o apoio da Igreja, um golpe contra o Rei Childerico III, sendo, então, coroado como novo rei dos francos. Deu-se, assim, início à dinastia Carolíngia, fato que encerrou, de uma vez por todas, a dinastia Merovíngia.

---

4 Majordomus *era o homem de confiança do rei, responsável pela defesa do reino em momentos de conflito. Era o líder do exército nos períodos de guerra e administrador das questões econômicas do reino.*

Figura 1.1 – Retrato de Pepino, o Breve

Artepics/SuperStock/Imageplus

AMIEL, L.-F. **Pepino III rei da França** (Pepino, o Breve). Século XIX. 1 óleo sobre tela. 90 × 72 cm. Palácio de Versalhes e de Trianon, Paris, França.

A Figura 1.1, representação de Pepino, o Breve (714-768), é uma das mais difundidas do monarca franco. Seu governo durou de 751 a 768. Seu sucessor foi seu filho Carlos Magno (742-814), responsável por uma fase de grande expansão do reino franco e pela cristianização de outros grupos migratórios que entravam nos antigos limites do Império Romano do Ocidente. Segundo Woods Jr. (2019, p. 24):

Os carolíngios tinham sabido beneficiar-se do declínio dos merovíngios. Avocando para si o posto hereditário de prefeito do palácio – um cargo semelhante ao de primeiro-ministro –, e demonstrando-se muito mais hábeis e competentes que os próprios reis, vinham resolvendo cada vez mais os assuntos ordinários de governo, a tal ponto que, em meados do século VIII, já na posse do poder exercido pelos reis, procuraram alcançar o título correspondente. Pepino, o Breve, o prefeito do palácio em 751, escreveu ao papa Zacarias I perguntando-lhe se era bom que um homem sem poder fosse chamado rei, e um homem com poder estivesse privado desse título. Entendendo muito bem aonde Pepino queria chegar, o papa respondeu-lhe que a situação que descrevia não era boa e que os nomes das coisas deveriam corresponder à realidade. Desse modo, fazendo uso da sua reconhecida autoridade espiritual, deu a sua bênção à mudança de dinastia no reino dos francos. O último rei merovíngio retirou-se silenciosamente para um mosteiro.

No ano de 800, Carlos Magno foi coroado imperador pelo Papa Leão III (foi o primeiro imperador após a queda do Império Romano do Ocidente), fato que gerou uma unidade política na Europa. Depois de muito tempo, voltava a existir uma centralização do poder. A coroação de Carlos Magno foi descrita da seguinte maneira:

> Naquele dia santíssimo da Natividade do Senhor, quando o rei se ergueu depois de orar na missa em frente do túmulo do bem-aventurado Pedro apóstolo, o Papa Leão colocou-lhe uma coroa na cabeça e todo o povo dos Romanos o aclamou: "Vida e Vitória para Carlos Augusto, coroado por Deus grande e pacífico Imperador dos Romanos!". E depois deste louvor foi adorado pelo apostólico à maneira dos antigos príncipes e, posta de parte a denominação de patrício, foi chamado imperador e augusto. (Annales Laurissenses, citados por Pedrero-Sánchez, 2000, p. 70-71)

De acordo com Le Goff (2005, p. 46), "Carlos Magno esforçou-se sobretudo para estender sua autoridade a todo o reino franco, aperfeiçoando os textos administrativos e legislativos e multiplicando enviados pessoais, quer dizer, representantes do poder central". Carlos Magno assumiu como imperador de um império em crescimento e com uma estrutura administrativa bem organizada.

> A Europa carolíngia de maior sucesso é sem dúvida a Europa da civilização. Carlos Magno, cuja cultura não deve ser exagerada – ele tinha dificuldade de reconhecer as letras do alfabeto, não escrevia e só sabia um pouco de latim – tinha, no entanto, um princípio de governo muito firme. Pensava que o saber, a instrução, era uma manifestação e um instrumento de poder necessários. Desenvolver e proteger o saber era um dos primeiros deveres de um soberano. (Le Goff, 2010, p. 58)

Carlos Magno tentou impor seu poder, uma palavra que, no âmbito político, tem uma dimensão enorme, e buscou isso mediante suas relações interpessoais. Segundo Foucault (2011, p. 8):

> O que faz com que o poder se mantenha e que seja aceito é simplesmente que ele não pesa só como uma força que diz não, mas que de fato ele permeia, produz coisas, induz ao prazer, forma saber, produz discurso. Deve considerá-lo como uma rede produtiva que atravessa todo o corpo social muito mais do que uma instância negativa que tem por função reprimir.

O poder tem que ser reconhecido pelo outro para se caracterizar como uma relação de poder.

A falta de erudição e de conhecimento dos reis francos era comum, entendendo-se aqui *erudição* como domínio da escrita e da leitura. Muitos não sabiam ler ou escrever, pois faziam parte da imensa massa de iletrados que povoavam o mundo feudal na Idade Média. A oralidade era o modo mais comum de transmissão do conhecimento, das lendas e dos mitos que povoavam o universo dos povos recém-chegados. O imperador Carlos Magno foi um dos primeiros soberanos a se preocupar com o conhecimento como uma forma de dominação dos mais ignorantes. Ele investiu na própria instrução e na de sua corte; por isso, é possível considerá-lo um *vir litteratus*, conceito utilizado pelo linguista Jacques Verger (1999, p. 16):

> Na Alta Idade Média, efetivamente – talvez generalizando, ou seja, deixando de lado algumas personalidades excepcionais –, o homem erudito era simplesmente o *vir litteratus,* quer dizer, o homem que sabia ler e escrever em latim de maneira mais ou menos correta; aliás, por outro lado, havia nessa época uma identidade praticamente completa entre o grupo dos *litterati* e aquele dos clérigos e dos monges, sendo que podemos dizer que os leigos eram, por definição, percebidos como "iletrados" (mesmo que, na realidade, sempre existisse, pelo menos na aristocracia, alguns laicos *litterati* e, ao contrário, inúmeros clérigos e monges ignorantes).

Boa parte dos homens na Idade Média revelava desinteresse pelas letras, até porque muitos indivíduos medievais não tinham acesso aos textos antigos ou possibilidade de estudar. Porém, isso mudou com o surgimento dos intelectuais, em meados do século XII, como evidenciam as palavras de Le Goff (2006, p. 23):

> Anuncia-se na Alta Idade Média, desenvolve-se nas escolas urbanas do século XII, desabrocha a partir do século XIII nas universidades. Designa aqueles cujo ofício é pensar e ensinar seu pensamento. Essa aliança de reflexão pessoal e de sua difusão num ensino caracterizava o intelectual. Nunca, sem dúvida, antes da época contemporânea, esse meio foi tão bem delimitado nem teve consciência mais nítida de si do que na Idade Média.

A mudança começava com uma nova visão do conhecimento e da erudição, tomados como símbolo de dominação por parte daqueles que detinham os meios para adquirir o "saber". Carlos Magno e, posteriormente, a própria Igreja passaram a se preocupar com essa questão, a ampliar seus poderes pelo domínio da erudição. Não foi à toa que a coroação de Carlos Magno trouxe uma mudança considerável na sociedade, delimitando o período com a criação de escolas, mosteiros e catedrais.

> O resultado desse estímulo à educação e às artes é conhecido como Renascença Carolíngia, e estendeu-se do reinado de Carlos Magno ao de seu filho, Luís, o Piedoso (rei 814-840). Talvez a figura intelectual central da Renascença Carolíngia tenha sido **Alcuíno** (cerca de 735-804), um anglo-saxão educado em York por um pupilo de **Beda, o Venerável**, o grande santo e historiador eclesiástico, uma das maiores inteligências do seu tempo. **Alcuíno** era o diretor da escola da catedral de York, e mais tarde tornou-se abade do mosteiro de São Martinho de Tours. Além de dominar uma grande variedade de assuntos, também se destacava como professor de latim, tendo assimilado as bem-sucedidas técnicas dos seus predecessores irlandeses e anglo-saxões. Ensinar ao povo germânico um latim gramaticalmente correto – habilidade difícil de adquirir durante os instáveis séculos VI e VII – foi um elemento essencial da Renascença Carolíngia. (Woods Jr., 2019, p. 25, grifo do original)

O Renascimento Carolíngio marcou um novo período na Idade Média europeia, com incentivo à educação e às artes e a busca de uma identidade cristã. Nasceu, assim, uma representação do monarca: sua imagem sendo coroado se perpetua até os dias atuais, seu poder se tornou supremo e a Igreja o apoiava sem reservas. Utilizando um processo de guerras de conquistas e de conversões forçadas, Carlos Magno ampliou seu império – sistema que perdurou por muitos séculos na Idade Média.

Figura 1.2 – Retrato de Carlos Magno

DÜRER, A. **Imperador Carlos Magno**. 1512. 1 óleo sobre madeira. 190 × 89 cm. Museu Nacional Germânico, Alemanha.

Na Figura 1.2, é possível observar a riqueza de detalhes da coroa imperial de Carlos Magno, a primeira a ser confeccionada após o fim do Império Romano do Ocidente, para ser usada pelo novo imperador. A coroa encontra-se atualmente no Palácio Imperial Hofburg, em Viena, na Áustria.

Vita Caroli Magni, de Eginhardo

Vita Caroli Magni, ou *Vida de Carlos Magno*, é uma obra biográfica realizada sob encomenda do Rei Luís, o Piedoso, filho de Carlos Magno, cuja intenção era perpetuar os feitos de seu pai, tanto no âmbito social como no político. O monge Eginhardo foi o escolhido para tal tarefa. Assim, reconstruiu os passos de Carlos Magno desde a mais tenra idade até seu falecimento. A obra aborda dados importantes para a compreensão de quem foi esse imperador que marcou o nome na história. Devemos registrar que o livro também tem seu lado simbólico e mitológico, com a construção de um mito e nuances lendárias das realizações do biografado. Também é impossível ignorar sua relevância histórica para a construção de uma identidade franca. Por essa razão, partes da obra se encontram no Anexo 1, em ótima tradução de Luciano Vianna e Cassandra Moutinho e revisada pelo professor Dr. Ricardo Costa, da Universidade Federal de Santa Catarina (UFSC). Sem dúvida, trata-se de uma boa oportunidade para você, leitor, acompanhar uma fonte primária e se deliciar com a maneira medieval de narrar os acontecimentos.

Carlos Magno tomou várias medidas no âmbito administrativo enquanto ainda era rei e após ser coroado imperador. Entre elas, podemos destacar:

- regulação das leis germânicas;
- divisão do império em 200 condados e entrega de sua administração aos condes;
- instituição das marcas, controladas por marqueses, nas regiões de fronteira;
- criação dos ducados, administrados pelos duques, nos territórios próximos às fronteiras.

Contudo, apesar do grande número de benefícios e de imunidades concedidos, o poder de Carlos Magno era inquestionável. Mas ele baseava-se em seu prestígio pessoal, de maneira que após sua morte os efeitos desagregadores daquela política se fizeram sentir. E sobretudo após meados

> do século IX, quando o Império Carolíngio foi dividido entre os netos do grande imperador. Cada vez mais, então, mesmo as funções públicas passaram a ser vistas como benefícios. Assim, os reis perdiam sua faculdade de nomear e destituir seus representantes provinciais (condes, duques, marqueses), cujos cargos tornavam-se bens pessoais e hereditários. Em suma, ocorria um recuo das instituições públicas, ou melhor, sua apropriação por parte de indivíduos que detinham grandes extensões de terra e nelas exerciam em proveito próprio atribuições anteriormente da alçada do Estado. (Franco Júnior, 1983, 16-17)

Tais divisões geraram uma descentralização do poder, já que cada nobre tinha soberania sobre seu território, mas todos estavam submetidos ao imperador. A morte de Carlos Magno, em 814, levou ao trono seu filho Luís, o Piedoso, que logo no início de seu governo se mostrou inapto para tal empreitada – tinha um vasto império para governar, mas era desprovido de habilidades administrativas.

O Império Carolíngio era composto por uma mescla de eslavos e nórdicos, que, muitas vezes, se rebelavam contra sua situação de povos subjugados. Além disso, os nobres adquiriam cada vez mais poder, diminuindo gradativamente o poder real. Assim, Eginhardo narra a questão sucessória entre as dinastias francas, que levaria a um enfraquecimento do poder real. A intenção é reforçar a ideia de uma sucessão hereditária:

> A família dos merovíngios, na qual os francos tinham o costume de escolher seus reis, é reputada de haver reinado até Childerico que, por ordem do pontífice romano Estevão, foi deposto, teve os cabelos cortados e foi encerrado em um monastério. Mas parece, com efeito, que ela [a família dos merovíngios] que não terminou senão com ele [Childerico], já havia, desde muito tempo, perdido todo vigor e somente se distinguia pelo insignificante título de "rei". A riqueza e o poder público estavam

nas mãos dos chefes de sua Casa, que se chamavam prefeitos do palácio [*major domus*] aos quais pertencia o poder supremo. O rei não tinha, além de seu título, senão a satisfação de sentar-se em seu trono com sua longa cabeleira e barba pendentes e ali fazer figura de soberano, conceder audiência aos embaixadores dos diversos países e encarregá-los, quando retornavam, de transmitir em seu nome as decisões que lhes haviam sido sugeridas ou ditadas. Salvo o título real, tornado inútil, e os precários meios de existência que lhes concedia, segundo sua própria vontade, o prefeito do palácio, ele possuía para si um único domínio de fraquíssimo rendimento, com uma casa e alguns poucos servidores à sua disposição para lhe fornecer o necessário. Quando tinha de deslocar-se, montava em um carro atrelado a bois, que um boiadeiro conduzia de maneira rústica: é com essa equipagem que ele tinha o hábito de ir ao palácio, de se conduzir à assembleia pública de seu povo, reunida anualmente para tratar dos negócios do reino, e em seguida voltar à sua residência. A administração e todas as decisões e medidas, no interior ou exterior, eram da exclusiva competência do prefeito do palácio. Essa função, à época em que Childerico foi deposto, era ocupada por Pepino, pai do rei Carlos, em virtude de um direito já quase hereditário. Com efeito, ela tinha sido brilhantemente exercida antes dele por outro Carlos de quem era filho e que se salientou ao abater tiranos cujo poder tentava se implantar por toda a França, e forçou os sarracenos em duas grandes vitórias – uma na Aquitânia, em Poitiers, a outra perto de Narbona – a renunciar a ocupação da Gália e recuar para a Espanha; esse último [Carlos Martel] a havia recebido do seu próprio pai, igualmente chamado Pepino; porque o povo tinha o costume de não a confiar senão àqueles que se tinham sobressaído pelo brilho de seu nascimento e importância de suas riquezas. Pepino foi elevado, pela autoridade do pontífice romano, de prefeito do palácio à dignidade real. (Einhard, 2023)

Com a morte de Luís, o Piedoso, em 840, o império foi dividido entre seus três filhos: Carlos, o Calvo, que ficou com a parte ocidental; Luís, o Germânico, que ficou com a parte oriental; e Lotário, que ficou com a parte central (até o centro da Itália). Essa divisão foi realizada mediante a assinatura do Tratado de Verdun, em 843, que dividia em três partes o império criado por Carlos Magno, avô dos herdeiros. A divisão não era vantajosa para o crescimento do império. Os três irmãos logo demonstraram incompatibilidade de objetivos, e cada um governava suas terras de maneira autônoma e independente. Já não havia mais um império, mas sim três reinos independentes um do outro. Segundo a historiadora Anna Carletti (2010, p. 5):

> Com o Tratado de Verdun (843), o império foi dividido entre seus filhos: a parte ocidental, que deu origem ao reino da França, ficou com Carlos, o Calvo; a França Oriental (futura Alemanha) ficou com Luís, o Germânico; e a França Central, que compreendia a Península Itálica, ficou com Lotário até sua morte em 855. Sucessivamente essa parte do território foi repartida entre os dois irmãos. Tal repartição só enfraqueceu ainda mais o poder da monarquia carolíngia que desapareceu em 987, com a morte do último soberano carolíngio, Luís V. A aristocracia francesa escolheu, então, como novo rei Hugo Capeto, Conde de Paris, que deu vida à dinastia capetíngia (987-1328).

No Mapa B, disponível no Caderno de Mapas, é possível observar como ocorreu essa divisão do ponto de vista geopolítico – separados, aliás, os reinos se tornaram mais fracos e suscetíveis a ataques externos. A divisão atingia basicamente a área central da Europa. Em vez de se unirem em prol do combate aos agentes externos – reis que achavam extremamente interessante dominar determinadas regiões sob o domínio dos irmãos francos –, cada irmão procurava se tornar mais forte individualmente. Assim, uma grande oposição nasceu com o Tratado de Verdun contra os reis carolíngios, que não tiveram diplomacia suficiente para enfrentar os adversários e acabaram por sucumbir, um após o outro. Norbert Elias (1993, p. 23) se refere a esse tratado e suas consequências:

> O Tratado de Verdun fixava como fronteira oriental do Império Franco do Ocidente uma linha que, a partir do atual golfo do Leão ao sul, aproximava-se da margem ocidental do Ródano seguindo então para o norte até a Flandres. A Lorena e a Borgonha – excetuado o ducado a oeste do Saône – e, por conseguinte, Arles, Lyon, Trier e Metz situavam-se fora das fronteiras do Império Franco do Ocidente, enquanto, ao sul, o condado de Barcelona permanecia ainda no seu interior. O Tratado de Meerssen estabelecia o Ródano como fronteira direta no sul entre os Impérios Franco do Ocidente e do Oriente, a partir de onde seguia o Isère e, mais ao norte, o Mosela. Trier e Metz, portanto, tornaram-se cidades fronteiriças, como aconteceu ao norte com Meerssen, a cidade que deu nome ao tratado. A fronteira terminava finalmente ao norte do Reno, na região da Frísia meridional. Essas fronteiras, porém, nem separavam Estados, nem povos nem nações, se por estes entendemos formações sociais que são, em qualquer sentido, unificadas e estáveis. No máximo, eram estados, povos, nações em formação. Nessa fase, o aspecto mais notável de todos os maiores territórios era seu baixo nível de coesão, o poder das forças centrífugas que tendiam a desintegrá-los.

Essa divisão geopolítica, realizada com a assinatura do tratado, levou ao enfraquecimento político e territorial do império, que contava com invasões constantes de muçulmanos, magiares[5] e *vikings*.

---

5 *Magiares eram um grupo étnico que invadiu a Europa Central no século IX e se estabeleceu na Bacia dos Cárpatos, posteriormente fundando a Hungria. O nome* magiares *vem da lenda dos sete líderes tribais que fundaram o Estado húngaro após a entrada deles na Europa Central.*

Esses fatores levaram a uma gradual fragmentação do Império Carolíngio e, posteriormente, ao seu fim.

(1.3) Vassalagem

O feudalismo surgiu com base nas relações estabelecidas no Império Carolíngio: acordos de fidelidade, honra e doação de terras para nobres (com a investidura de títulos de nobreza) que deram início a um sistema baseado na vassalagem.

> Ser "o homem" de outro homem: no vocabulário feudal, não existia aliança de palavras mais difundida do que esta, nem mais rica de sentido. Comum aos falares românicos e germânicos, servia para exprimir a dependência pessoal, em si. E isto, fosse qual fosse, aliás, a natureza jurídica exata do vínculo e sem ter em conta qualquer distinção de classe. O conde era "o homem" do rei, tal como o servo o era do senhor da sua aldeia. (Bloch, 1992, p. 168)

Temos uma vasta historiografia que discorre sobre essas relações que se estabeleceram com a tomada de poder dos reis germânicos. Com Carlos Magno, temos a delimitação mais administrativa desse sistema. Segundo Elias (1993, p. 24),

> Como comandante de exército, Carlos Magno controlava a terra que conquistava e defendia. Como príncipe vitorioso, premiou com terras os guerreiros que lhe seguiam a liderança. E, em virtude dessa autoridade, manteve-os coesos, mesmo que suas terras se espalhassem por todo o país. O imperador e rei não podia supervisionar sozinho todo o império. Despachou pela terra amigos e servidores de confiança para fazer cumprir a lei em seu nome, assegurar o pagamento de tributos e a

prestação de serviços, bem como punir quem resistisse. Não lhes remunerava os serviços em dinheiro. A moeda certamente não era de todo inexistente nessa fase, mas circulava apenas em medida muito limitada. As necessidades eram atendidas, na maior parte, diretamente pela terra, os campos, as florestas e os estábulos, sendo a produção de iniciativa da família. Os condes, duques, ou como quer que fossem chamados os representantes da autoridade central, tiravam também seu sustento, e o de seus agregados, da terra com a qual os agraciara a autoridade central. De conformidade com a estrutura econômica, a máquina de governo nessa fase da sociedade era muito diferente da que seria utilizada pelos "Estados" em fase posterior. A maioria dos "oficiais", segundo se disse a respeito dessa fase, "eram agricultores que desempenhavam deveres 'oficiais' apenas durante períodos estabelecidos ou no caso de fatos imprevistos, e portanto cabia mais compará-los a donos de terra exercendo poderes policiais e judiciários". Com esse papel judiciário e mantenedor da lei se combinavam funções militares; eram guerreiros, comandantes de grupos mais ou menos marciais e de todos os demais senhores de terra na área que o rei lhes dera, contra qualquer ameaça de um inimigo externo. Em suma, todas as funções de governo eram enfeixadas em suas mãos. Tal configuração de poder peculiar, porém, que nessa fase constituía um indicador da divisão de trabalho e da diferenciação, gerava constantes tensões que decorriam de sua própria estrutura. Engendrava certas sequências típicas de eventos que – com algumas modificações – repetiam-se numerosas vezes.

Para Elias (1993), essa configuração era indicativa da diferenciação e das tensões que isso gerava. O poder real acabava fatalmente dividido em sistemas infinitos de lealdade. A vassalagem nasceu desses laços entre os homens (migrações dos povos germânicos e posterior formação dos reinos), definindo inúmeros elos de ajuda e divisão de poder. O rei, que se encontrava no topo dessa cadeia social, também apresentava dependência com relação a seus vassalos. O suserano (primeiro doador de terras e concessões) dava aos vassalos a possibilidade de se tornarem suseranos por meio da doação de terras ou da divisão de feudos.

Vassalagem e investidura (séculos XII e XIII)

Na sexta-feira (7 de abril) foram de novo prestadas homenagens ao conde, as quais eram feitas por esta ordem, em expressão de fidelidade e garantia. Primeiro prestaram homenagem desta maneira: o conde perguntou (ao vassalo) se ele desejava tornar-se o seu homem, sem reservas, ele respondeu: "Quero"; então, tendo juntas as mãos, colocou-as entre as mãos do conde e aliaram-se por beijo. Em segundo lugar, aquele que havia prestado homenagem jurou fidelidade ao porta-voz do conde, com estas palavras: "Comprometo-me por minha fé a ser fiel daqui por diante ao conde Guilherme e a cumprir integralmente a minha homenagem, de boa-fé e sem dolo, contra todos"; e, em terceiro lugar, jurou o mesmo sobre as relíquias dos santos. Finalmente, com uma varinha que segurava na mão, o conde deu a investidura a todos aqueles que por este fato tinham prestado lealdade, homenagem e juramento.

Fonte: Galberto Brugense, citado por Pedrero-Sánchez, 2000, p. 96.

Na passagem anterior, que versa sobre a cerimônia de investidura, nota-se claramente a importância do ato para dar ao homem um *status* social, em uma sociedade de estamentos na qual os que estavam no topo da pirâmide social exploravam os demais. Ser um vassalo significava estar no alto, próximo ao rei e à Igreja, com poderes e privilégios que só os que se encontravam nesse nível social detinham. Ao longo dos séculos que compreenderam o período medieval, era recorrente essa estrutura excludente, na qual os menos favorecidos tinham poucas chances de ascender socialmente. Elias (1993, p. 24-25) completa suas argumentações sobre a investidura e fragmentação do poder da seguinte maneira:

> Quem quer que houvesse sido antes investido pelo suserano nas funções de governo numa área determinada e assim se tornava o senhor efetivo dessa área, não mais dependia do poder central para sustentar-se e proteger a si mesmo e seus dependentes, pelo menos enquanto não fosse ameaçado por um inimigo externo mais forte. À primeira oportunidade, por conseguinte, logo que o poder central demonstrasse o menor sinal de fraqueza, o governante local ou seus descendentes procuravam mostrar seu direito e capacidade de governar o distrito que lhes fora confiado e sua independência daquela autoridade. Ao longo dos séculos, os mesmos padrões e tendências reaparecem constantemente nessa máquina de governo. Os governantes de partes do território do suserano, os duques e chefes locais, constituem em todas as ocasiões um perigo para o poder central. Príncipes e reis vitoriosos, com a força dos exércitos que comandam e da proteção que garantem contra os inimigos externos, esforçam-se, com um sucesso inicial, para enfrentar esse perigo na área que controlam. Sempre que possível, substituem os governantes locais por seus próprios amigos, parentes ou servidores. Mas em pouco tempo, não raro dentro de uma geração, o mesmo roteiro anterior se repete: os antigos representantes do governo central fazem o que podem para recuperar o controle que tinham sobre a região, como se ela fosse propriedade hereditária de sua família.

É possível perceber no que o próprio Elias (1993) diz uma tendência a uma aglutinação familiar nos cargos e favores.

Importante!

O período pós-queda de Roma ficou marcado pelas invasões migratórias de vários povos que viviam à margem do antigo Império Romano do Ocidente e pela formação de novos reinos, que culminaram no início de um novo sistema de relações interpessoais: a vassalagem, base do feudalismo.

O vassalo era um nobre que recebia um lote de terra, chamado *feudo*, como sinal de que aceitava se vincular a outro homem, seu senhor feudal, que em situações de conflito poderia acioná-lo para auxílio, criando um laço de dependência mútua.

Os teóricos da historiografia discutem questões relativas ao **feudalismo** e à **feudalidade**, os laços estabelecidos nesse período. Bloch (1992b) estabelece um padrão sobre as relações interpessoais que, posteriormente, tem contestação de vários autores. Contudo, não podemos deixar de verificar a importância de seus estudos para nortear questionamentos e abordagens diferenciadas nos estudos medievais. Segundo o historiador Edilson Alves de Menezes Junior (2019, p. 15), com base na contribuição de Bloch sobre as relações vassálicas, outros autores também concentraram seus esforços na explicação e na conceituação da feudalidade e do feudalismo:

> A erudição, a vasta investigação bibliográfica e documental, a perspectiva globalizante, as indicações sobre a feudalidade como estrutura fundante e movimento característico da época feudal etc. tornou Bloch basilar no momento de sua produção e deixou marcas significativas. Todavia, acerca da história do Estado na Idade Média reproduziu, sob outros ângulos, as teses predecessoras, embora tendo apontado caminhos de pesquisa ao porvir. Apesar da exígua reflexão teórica sobre a forma estatal, alguns

pressupostos mobilizados por Bloch são sintomáticos e informam boa parte da medievalística francesa, a saber, a perspectiva weberiana. Ainda que não exposta e discutida abertamente, pressupostos acerca da categoria Estado na inspiração weberiana, como o monopólio da violência, o monopólio jurídico, território e fronteiras estáveis e definidas etc. Nesse sentido, ainda que esse autor tenha sido profundamente inovador em diversos âmbitos da reflexão histórica, algumas marcas típicas da reflexão francesa se fazem presentes – pouca reflexão teórica sobre o objeto, antagonismo Estado-feudalismo, referencial weberiano etc. Um último elemento nas produções de Bloch que merece ser destacado – ainda que não fosse nenhuma novidade entre os franceses – é a ruptura metodológica *féodalisme-féodalité*, que na década de 40 foi sintetizada nas produções de Ganshof.

O belga François-Louis Ganshof, autor do pequeno livro intitulado *O que é feudalismo?* Publicado em Bruxelas em 1944, tem significativa relevância historiográfica por ter elevado a primeiro plano o debate sobre o sentido das relações vassálicas.

Ganshof, em sua obra *O que é feudalismo?*, problematiza a questão do feudalismo:

> A concessão de um feudo implicava necessariamente a concessão do direito de justiça? O problema tem um alcance tanto maior quanto é certo que a *justitia* comportava mesmo, além da justiça propriamente dita, outros poderes importantes, como sejam direitos de polícia, ou também atribuições que hoje seriam qualificadas de administrativas.
>
> [...]
>
> As instituições feudo-vassálicas não foram necessariamente um fator de desagregação do Estado: já com muita justeza foi dito que "vassalidade

> e realeza não são instituições antinômicas". Havia no direito feudal elementos que permitiam o desenvolvimento da autoridade real. A realeza inglesa e francesa conseguiram utilizá-los [...]. (Ganshof, 1978, citado por Menezes Junior, 2019, p. 17)

A questão da utilização do conceito de **feudalismo** para determinar o sistema econômico e do de **feudalidade** para caracterizar as relações vassálicas gera dúvidas e questionamentos contínuos. Isso nos leva a pensar como estabelecer o que deve ou não ser considerado nos estudos sobre esse período. Não podemos considerar e ler os clássicos e contrapô-los à luz da historiografia contemporânea e das discussões para termos uma ideia, mesmo que limitada, de que ocorreram e por que ocorreram? Por isso, leitor, sugerimos que busque um aprofundamento do assunto, visto que aqui apenas o abordamos brevemente.

A sociedade medieval é ampla, estruturada e hierarquizada; o estabelecimento das relações entre os pares, seja entre o mesmo grupo, seja entre diferentes grupos, são pontos bastante citados e analisados por Bloch em *A sociedade feudal*, uma obra clássica e de referência para iniciarmos os estudos medievais.

Devemos lembrar que esses homens advinham de uma linhagem de guerreiros que passaram suas vidas nos campos de batalhas defendendo seus pares. A guerra tornou-se, para o homem medieval, outro elemento de união, afora o juramento de fidelidade ao seu Senhor. Todos na sociedade feudal dependiam uns dos outros para se manter no poder e garantir suas terras. Certamente não devemos generalizar um sistema feudal predominante na Europa Central e que em outras localidades da Europa seguia uma dinâmica totalmente diferente dessa.

Ao pensar sobre a Idade Média, é comum vir à mente as imagens de cavaleiros e damas; é comum também a associação com uma sociedade pautada em valores cristãos. Nesse aspecto, a nobreza e a Igreja desempenharam um papel fundamental na medievalidade.

> Eis dois homens frente a frente: um, que quer servir, o outro, que aceita, ou deseja, ser chefe. O primeiro une as mãos e, assim juntas, coloca-as nas mãos do segundo: claro símbolo de submissão, cujo sentido, por vezes, era ainda acentuado pela genuflexão. Ao mesmo tempo, a personagem que oferece as mãos pronuncia algumas palavras, muito breves, pelas quais se reconhece "o homem" de quem está na sua frente. Depois, chefe e subordinado beijam-se na boca: símbolo de acordo e de amizade. Eram estes – muito simples e, por isso mesmo, eminentemente adequados a impressionar espíritos tão sensíveis às coisas vistas – os gestos que serviam para estabelecer um dos vínculos mais fortes que a época feudal conheceu. Cem vezes descrita ou mencionada nos textos, reproduzida em selos, em miniaturas, em baixos-relevos, a cerimônia chamava-se "homenagem" (em alemão, *Mannschaft*). Para designar o superior que ela criava, não existiam outros termos além do nome, muito geral, de "senhor"[6]. Muitas vezes, com mais precisão, o seu "homem de boca e de mãos". Mas empregam-se, também, palavras mais especificadas: "vassalo", ou, até aos começos do século XII, pelo menos, "commendé" ("recomendado"). (Bloch, 1992, p. 170)

---

6 *Só por um verdadeiro contrassenso é que "suserano" foi empregado algumas vezes nesta acepção, após os feudistas do Antigo Regime. A significação verdadeira era bem diferente. Ou seja, Paulo, que tinha prestado homenagem a Pedro, que por sua vez a prestou a Tiago. Tiago – e não Pedro – será o "senhor suserano", ou, em resumo, o suserano de Paulo: entenda-se o senhor superior (a palavra parece ter derivado do advérbio* sus, *por analogia com soberano). Por outras palavras, o meu suserano é o senhor do meu senhor e não o meu senhor direto. A expressão parece, aliás, ser tardia (século XVI?).*

Como definiu Bloch (1992), essa relação era única e determinava uma forte ligação entre nobres. A partir dessa "homenagem", ambos se comprometiam em laços indissolúveis de cumplicidade e proteção. Isso se propagou durante quase toda a Idade Média, na Europa Central, em uma tradição que remonta aos povos romano-germânicos. No entanto, devemos considerar que o feudalismo não foi uma exclusividade apenas da Europa Central: outras formas de doação e recebimento de terras ocorreu em outros territórios.

A grande questão desse pacto entre homens era o enfraquecimento do poder real, pois gerava um ciclo infinito de senhores com autonomia e poder, bem como acirrava os conflitos territoriais por mais terras e, consequentemente, mais vassalos. Quando se fala em relações interpessoais na Idade Média, é preciso considerar as homenagens na vassalagem, uma questão forte e que perdurou até meados do século XV, quando houve o enfraquecimento da nobreza e o surgimento de uma nova classe social, a burguesia.

Todo acordo entre homens gera obrigações. Na vassalagem, não era diferente. Segundo Bloch (1992, p. 171):

> A homenagem era a única que fazia intervir os dois homens em estreita união; a "fé" do vassalo constituía um compromisso unilateral ao qual só raramente correspondia um juramento paralelo por parte do senhor. Numa palavra, a homenagem era o verdadeiro criador da relação vassálica, sob o seu duplo aspecto de dependência e de proteção.

Essas obrigações levavam muitos vassalos a renunciar aos seus interesses próprios em prol de seu senhor, muitas vezes deixando suas terras desprotegidas para auxiliá-lo. Isso acarretava, geralmente, uma perda progressiva de poder de alguns vassalos. Você deve ter em mente que, no período aqui abordado, o interesse pela terra falava mais alto e, para tê-la, os homens eram capazes de praticamente tudo.

A organização feudal dependia do estabelecimento dessas obrigações, que, como já mencionamos, era mútua. Tanto o suserano quanto o vassalo tinham deveres e obrigações nesse acordo entre homens.

Direitos e deveres feudais (s. XI)

A) De Fulbert de Chatres ao Duque de Aquitânia Guilherme V (1020)

[...] Aquele que jura fidelidade ao seu senhor deve ter sempre presente na memória estas seis palavras: incólume, seguro, honesto, útil, fácil e possível. Incólume, na medida em que não deve causar prejuízos corpóreos ao seu senhor; seguro, para que não traia os seus segredos ou as armas pelas quais ele se possa manter em segurança; honesto, para que não enfraqueça os seus direitos de justiça ou de outras matérias que pertençam à sua honra; útil, para que não cause prejuízo as suas possessões; fácil ou possível, visto que não deverá tornar difícil ao seu senhor o bem que ele facilmente poderia fazer, nem tornar impossível o que para ele seria possível.

Todavia, se é justo que o (vassalo) fiel evite estas injúrias, não será só por isto que merece benefício; porque não é suficiente abster-se do mal, a menos que faça também o que é bom. Portanto, deverá em adição conceder fielmente conselho e ajuda ao seu senhor nas seis coisas [...] mencionadas, se deseja ser considerado merecedor do seu benefício e digno de confiança na fidelidade que jurou.

O senhor deve também retribuir da mesma maneira todas estas coisas ao seu fiel. Se o não fizer, será com razão acusado de má-fé, exatamente como seria (considerado) pérfido e perjuro (o vassalo) apanhado a fazer ou consentir tais prevaricações.

Fonte: Delisle, citado por Pedrero-Sánchez, 2000, p. 94-95.

Nesse trecho de uma fonte medieval, fica evidente esse comprometimento mútuo, que era definitivo. Ser senhor feudal de um nobre era algo comum na Europa Central e contribuía para, de certa forma, manter uma homogeneidade na sociedade. Quando se estuda o período medieval, é preciso levar em conta as relações interpessoais entre os indivíduos. Com base na análise aqui desenvolvida, apreende-se uma clara dependência entre os nobres, que mantinham seu poder na vinculação desse acordo firmado entre a nobreza (homens).

A vassalagem pode ser considerada a base do sistema feudal, que tinha seu valor econômico estabelecido pela posse da terra (feudo). Essa estrutura era fundamentada em uma tradição carolíngia e perdurou por quase todo o período medieval, sendo alterada somente com o surgimento de outra classe econômica: a burguesia, que transformou as relações comerciais por meio do acúmulo de bens e da prática da usura.

(1.4) Burguesia

Com o processo de urbanização que se iniciou com a delimitação territorial, houve o surgimento dos grandes centros urbanos. Para o desenvolvimento desses locais começou a emergir um novo grupo social voltado ao comércio. Os burgos eram os locais mais afastados do centro dos domínios dos senhores feudais, onde se vendia e se comprava de tudo. O renascimento comercial de meados do século XI possibilitou um aparecimento mais visível de certas atividades, como as de vendedores, negociantes, comerciantes e banqueiros. Tratava-se de funções voltadas à obtenção de lucro e enriquecimento, dinâmica pouco comum no sistema tripartido da sociedade medieval, mas muito praticada no Oriente. Segundo Le Goff (1992b, p. 1):

> De meados do século XII a cerca de 1340, o desenvolvimento da cristandade latina atinge o seu apogeu. Nesse apogeu a França ocupa o primeiro lugar e o grande movimento de urbanização está no auge. As cidades

são uma das principais manifestações e um dos motores essenciais dessa culminação medieval. A atividade econômica, cujo centro são as cidades, chega ao seu mais alto nível. Sob a égide de uma Igreja que se adapta à evolução e triunfa sobre a ameaça herética, particularmente viva em certos meios urbanos, uma nova sociedade, marcada pelo cunho urbano, manifesta-se num relativo equilíbrio entre nobreza, que participa do movimento urbano mais do que se tem afirmado, burguesia que dá o tono, se não o tom, à sociedade, e classes trabalhadoras, das quais uma parte – urbana – fornece a massa de mão de obra às cidades, e a outra – rural – alimenta a cidade e é penetrada por seu dinamismo.

O crescimento populacional, as novas técnicas de plantio e o desenvolvimento urbano possibilitaram aos burgueses um fortalecimento econômico gradual. A cidade medieval se desenvolveu com a participação de vários grupos sociais, mas com um destaque para os burgueses, que apresentavam uma dinâmica comercial e de obtenção de lucro muito mais enraizada que os outros grupos que compunham a sociedade. De acordo com Georges Duby (1992, p. 61):

> Nas cidades medievais a alegria de viver caminha juntamente com a extrema indigência. O espaço urbano revela uma sociedade extremamente contrastada, que espelha a riqueza e revela a miséria: à espera daquilo que se distribui, daquilo que se joga fora, daquilo que se pode furtar, pequenos ganhos que se consegue fazer nos interstícios das atividades honoráveis, vêm amontoar-se, [...] a massa dos desvalidos do crescimento, dos aleijados, dos migrantes, dos pobres.

As cidades eram os espaços de domínio da burguesia, que ali realizava todo o tipo de comércio, com todas as pessoas e oferecendo toda sorte de produto. Ao mesmo tempo que as cidades atraíam, elas também causavam repulsa, pois a violência, o roubo e as violações eram constantes. Sair à noite era um risco que muitos não estavam dispostos a correr. Durante o dia havia um ativo comércio, mas à noite havia abusos de toda a espécie. Os burgueses lucravam durante o dia e a noite, vendas legais e ilegais eram realizadas. Além disso, muitas vezes, as autoridades faziam vista grossa em troca de favores, ao passo que as autoridades eclesiásticas também acabavam por ingressar nos esquemas para ter mais autoridade. Confira a seguir o relato de um prelado da Igreja sobre as cidades:

> O abade Guilbert de Nogent denuncia a violência presente na cidade de Laon no século XII, em que "[...] ninguém podia sair durante a noite a salvo. Só restava roubar, capturar e assassinar". A história das cidades ocidentais no período medieval está repleta de episódios de violência. Muitos citadinos, embora tivessem escapado aos horrores da rebelião, tiveram que enfrentá-la cotidianamente. Em Paris, Lille, Tours, Dijon e outras cidades, "os arquivos judiciários desvendam uma série impressionante de vinganças cometidas a sangue frio, de rixas violentas, individuais ou de grupo, [...] de estupros muitas vezes coletivos". (Abreu, 2004, p. 650)

Nesse excerto notamos como as cidades não eram bem-vistas, e mesmo com a presença do clero os crimes e a violência atingiam a todos. Os citadinos viviam a insegurança de grandes centros urbanos em pleno século XII. A estrutura física das cidades não comportava a quantidade de pessoas que nela viviam. Com o surgimento da classe burguesa, a sociedade medieval passou a se estruturar em uma vertente mais dinâmica – os pobres estavam por todos os lados. Contudo, a pobreza ainda representava uma maneira de se alcançar a redenção através da caridade, algo muito propagado pelas ordens mendicantes. Em *O apogeu da cidade medieval*, Le Goff (1992a) sintetiza as quatro posições essenciais entre cidade e feudalismo, considerando a emergência da classe burguesa, que dá contornos a essa cidade:

Uma primeira posição assimila a cidade diretamente a uma senhoria, ou a um poder feudal. No polo oposto, existem os que veem na cidade um fenômeno essencialmente "antifeudal". Mais interessante, embora também rejeitada pelo autor, é a posição que considera a cidade como um "enclave territorial" no sistema feudal e o "sistema urbano como sistema aliado ao feudalismo". Por fim, há os que consideram, como o próprio Le Goff, que Cidade e Feudalismo formam um "sistema integrado", ou o que José Luís Romero denominou "sistema feudo-burguês" (Le Goff, 1992a, p. 57).

Esse "sistema feudo-burguês" determinou a dinâmica das cidades na medievalidade. O burguês se beneficiou de um comércio cada vez mais efetivo e crescente, algo que muitos ainda denominam *renascimento urbano*. Não tem como desconsiderar o burguês no contexto feudal, visto que essa classe social chegou a mudar as determinações sociais vigentes. O próprio surgimento do conceito de **sistema feudo-burguês**[7] veio da necessidade de situar e posicionar essa nova forma de comerciar e se relacionar com o material. Nesse contexto, a burguesia foi para a nobreza e a Igreja a derrocada de um sistema social que não a incluía, mas que teve de incluí-la de qualquer maneira.

No próximo capítulo, dedicaremos uma seção às ordens mendicantes e a sua dinâmica nos centros urbanos. As cidades apresentavam uma dinâmica comercial pungente, mas também um cunho religioso muito forte e presente.

---

7 *É válido destacar que Le Goff aplica o termo* sistema feudo-burguês *para limites temporais um pouco mais específicos se comparados à delimitação feita por Romero, que utiliza o conceito considerando o período entre os séculos XIII e XVIII (Le Goff, 1992a). Assim, Le Goff atém-se à análise de uma realidade urbana entre 1150 e 1330 (Le Goff, 1992a).*

(1.5)

As mulheres na sociedade medieval

A sociedade medieval, pautada em uma visão teocêntrica de mundo, concebia a mulher como um símbolo de corrupção do homem. Essa ideia era propagada pela Igreja cristã ocidental, em que a mulher era culpada pelo pecado original, levando o homem a se corromper. Com o crescimento da cristandade na Europa entre os séculos XI e XIII, a Igreja começou um processo de doutrinação dos grupos que compunham essa sociedade. Com medo de uma punição divina, a mulher foi colocada em uma condição subalterna, sob o domínio das instâncias eclesiásticas e até mesmo das laicas.

> O desenvolvimento do catolicismo durante a Idade Média buscou estabelecer uma forma de vida e pensamento pretensamente válida, em princípio, para toda a cristandade, baseada num corpo doutrinário que exprimia obediência às altas esferas eclesiásticas. Por intermédio de um corpo doutrinário que vai se desenvolvendo na alta hierarquia católica para chegar até as comunidades cristãs como ordenanças ou sacramentos, os ideais iniciais do cristianismo, representados pelo estilo de vida apostólico (*vita apostolica*), cederam espaço a um corpo de doutrinas formuladas por autoridades eclesiásticas, politicamente organizadas, que impuseram uma única forma de interpretar e vivenciar o cristianismo. (Oliveira, 2018, p. 48)

Esse único modo de vivenciar o cristianismo excluía as mulheres da maioria das decisões religiosas, políticas e sociais. Entretanto, diferentemente do que se possa imaginar, na Idade Média houve uma profusão de escritos femininos que marcaram um período ou modificaram uma organização religiosa, política ou social.

Na época, o tratamento dispensado às mulheres era bem distinto no Ocidente e no Oriente. No Ocidente, entre os camponeses trabalhadores do campo, as mulheres tinham as mesmas responsabilidades do homem, realizando todos os trabalhos duros e árduos de um camponês, além de acumularem as responsabilidades de educar os filhos, de cuidar da casa e de auxiliar o marido ou a família nos campos de cultivo. Já no Oriente, a mulher atuava como dona de casa e educadora dos filhos, além de ser responsável, em alguns casos, pela defesa da família na ausência do marido ou chefe da casa.

No Ocidente, em várias ordens religiosas surgidas no século XIII, as mulheres tiveram papel central na construção das bases religiosas em conventos e mosteiros. Podemos citar como exemplo Clara de Assis, que foi a primeira Clarissa, que conseguiu, ainda em vida, a aprovação de sua Regra de Vida para suas irmãs em 1253 – antes, as Clarissas usavam uma regra elaborada e redigida por homens para elas. A aprovação da Regra das Clarissas abriu um precedente para que outros grupos religiosos femininos buscassem o mesmo benefício, o que, sem dúvida, dava às ordens religiosas femininas mais contornos com a condição da mulher na época e propunha direitos e deveres de acordo com as condições femininas. Alguns especialistas consideram a Regra de Vida das Clarissas mais rígida do que a proposta por Francisco de Assis para os homens. Confira a seguir como era o padrão das ordens religiosas com designações masculinas.

> A questão das ordens religiosas "aprovadas" e dos "lugares honestos" relativos às emparedadas remete para uma realidade geral em toda a Europa medieval, a de vivências religiosas femininas não institucionalizadas, formas de resistência, muitas vezes conscientemente assumidas, a um poder eclesiástico masculino. (Barros, 2018, p. 201)

Em uma sociedade predominantemente masculina, as mulheres demoraram a serem percebidas em seu papel social, econômico e político. Le Goff (1989, p. 21-22), em *O homem medieval*, define da seguinte forma a visão da sociedade medieval sobre a mulher:

> No esquema da sociedade trifuncional, a mulher não tinha qualquer lugar. Se, para os homens da Idade Média, existe uma categoria "mulher", durante muito tempo a mulher não é definida por distinções profissionais, mas pelo seu corpo, pelo seu sexo, pelas suas relações com determinados grupos. A mulher define-se como "esposa, viúva ou virgem". Foi a vítima das coações que o parentesco e a família foram impondo à afirmação das mulheres como indivíduos dotados de uma personalidade jurídica, moral e econômica. Na documentação da Idade Média, fruto de uma sociedade dominada pelos homens, a voz das mulheres raramente se faz ouvir e, na maior parte dos casos, provém das camadas mais altas da classe mais alta.

Alguns estudos antropológicos verificaram que a mulher teve papel essencial nas relações sociais feudais, além de uma participação efetiva na construção desse conduto social.

> A mulher é uma personagem fundamental das alianças que se contraem no interior da aristocracia feudal. Oportunidade de ascensão social para o marido, vê-se, em geral, relegada para uma condição inferior à que possuía em virtude dos casamentos resultantes dessa estratégia. A transferência física e de riqueza que se verifica por seu intermédio, tem como resultado a sua espoliação e a espiral inflacionista dos dotes leva a uma diminuição do valor da mulher no decorrer de toda a Idade Média. Todavia, a obrigação crescente da existência do consentimento dos dois cônjuges para que um casamento se concluísse, obrigação essa que fica a ser devida à Igreja, é uma revolução que eleva o estatuto da mulher. Por

outro lado, a pressão dos jovens contribui, ainda que timidamente, para a afirmação do casamento por amor. (Le Goff, 1989, p. 22)

A inserção da mulher no espaço de pertencimento e de fala na Idade Média aparece na maior parte da historiografia contemporânea, diferentemente do que se concebia no passado (por se tratar de uma sociedade patriarcal). Por isso, um estudo mais profundo sobre o gênero feminino no universo medieval é relevante e necessário.

Síntese

Neste capítulo, explicamos como ocorreu a formação dos reinos romano-germânicos e, posteriormente, seu processo de cristianização por meio do batismo do Rei Clóvis e de seus guerreiros. Também contextualizamos o período de migração desses povos pelo território, a fim de que você pudesse compreender mais adequadamente essa mudança de cenário político. Além disso, esclarecemos que a formação do reino franco resultou no surgimento de duas dinastias que mudaram a sociedade europeia: a Merovíngia e a Carolíngia. Na sequência, definimos o conceito de vassalagem e sua importância para a sociedade medieval, fundamentada na posse de terras e nos laços familiares.

A burguesia, classe social emergente no período, e o papel feminino na sociedade medieval também foram temas abordados neste capítulo. Os burgueses, com sua vida social voltada para o ganho e o lucro, mudaram a dinâmica social medieval: as cidades ganharam mais efetividade, com feiras e outros eventos de venda e troca de mercadorias. Já as mulheres, como demonstramos, foram um braço forte na Idade Média, seja no campo, seja no mundo clerical.

Indicações culturais

Filmes

O FEITIÇO de Áquila. Direção: Richard Dooner. EUA: Warner Bros., 1985. 124 min.

Esse filme mostra a relação de um cavaleiro e seu escudeiro e a Igreja interferindo em assuntos temporais (políticos). Trata-se de uma boa produção que permite perceber mais detalhadamente as relações sociais comuns na Idade Média.

O LEÃO no inverno. Direção: Anthony Harvey. Inglaterra, 1968. 134 min.

Esse filme retrata a relação entre um suserano e seus herdeiros, bem como questões compreendidas na divisão da herança (quem tinha direito ao feudo e a seus benefícios). Trata-se de outra obra com boa contextualização sobre o período medieval e as relações de parentesco.

Atividades de autoavaliação

1. Assinale a alternativa que melhor completa a informação a seguir:

   Ao norte do Império Romano viviam os povos germânicos, formados por anglo-saxões, ostrogodos, vândalos, bretões, visigodos e francos.

   a) Tais povos tinham um tronco linguístico comum.
   b) Esses povos eram cristãos, assim como os romanos.
   c) Todos os povos germânicos viviam sob a liderança de um chefe comum.
   d) Com a desagregação do Império Romano, esses povos também chegaram ao seu fim.

2. Leia a afirmação a seguir:

Roma caiu no século V, fato que abriu caminho para migrações sucessivas e constantes, gerando a formação de vários reinos.

Agora, assinale a alternativa que responde adequadamente à pergunta: O que a queda do Império Romano acarretou para os povos que migraram para o território do antigo Império Romano do Ocidente?

a) A fusão entre recém-chegados e romanos, levando a um processo de troca cultural desses povos.
b) A construção de um novo Império Romano, mais forte e duradouro.
c) A formação de um reino único controlado pelos saxões.
d) A abertura das fronteiras para todos os povos asiáticos.

3. Assinale a alternativa que completa a afirmação a seguir: Uma das razões do enfraquecimento do Império Romano, a partir do século IV, foi:

a) o rompimento da política de aliança com os recém-chegados.
b) a superioridade militar dos recém-chegados.
c) o excesso de soldados e escravos.
d) a falta de uma estrutura política.

4. Assinale a alternativa correta:

a) Os visigodos foram aniquilados pelos sérvios.
b) Os povos germânicos eram monoteístas desde sua origem.
c) Vindos do Oeste e do Centro-Oeste, os vândalos dominaram os ostrogodos.
d) Os francos foram o grupo que mais se destacou entre os povos germânicos.

5. Marque a alternativa **incorreta**:
   a) Na formação do Império Carolíngio, houve a coroação do primeiro imperador após o fim do Império Romano do Ocidente.
   b) Clóvis era filho de Meroveu, e, por essa razão, deu o nome de *dinastia Merovíngia* à sua linhagem.
   c) Carlos Magno pertencia à dinastia Carolíngia.
   d) Pepino, o Breve, era pai de Carlos Magno.

Atividades de aprendizagem

Questões para reflexão

1. A vassalagem nasceu dos laços entre os homens, estabelecendo uma relação infinita de ajuda mútua e divisão de poder. O rei, que se encontrava no topo dessa cadeia social, também apresentava uma dependência em relação a seus vassalos. O suserano, primeiro doador (de terras), dava aos vassalos a possibilidade de se tornarem suseranos por meio da doação de terras ou da divisão de feudos. Explique o que essa relação representou em termos políticos.

2. Com a morte de Luís, o Piedoso, em 840, o império foi dividido entre seus três filhos: Carlos, o Calvo, que ficou com a parte ocidental; Luís, o Germânico, que ficou com a parte oriental; e Lotário, que ficou com a parte central (até o centro da Itália). Pensando em termos territoriais, qual foi a consequência dessa divisão para o Império Carolíngio?

Atividade aplicada: prática

1. Pesquise na internet informações sobre as dinastias Merovíngia e Carolíngia (dê preferência a artigos científicos e *sites* universitários de desenvolvimento de pesquisas). Com base nos dados coletados, elabore um quadro que apresente as principais diferenças e semelhanças entre ambas. Não se esqueça de inserir em sua pesquisa os temas *burguesia* e *mulheres na idade média* e de analisar a atuação desses grupos no período em questão.

   Para realizar essa atividade, você pode utilizar o Padlet[8], cujo modo "apresentação" permite que você compartilhe com sua turma o quadro elaborado. Assim, todos poderão discutir e verificar os apontamentos levantados.

---

8 *PADLET. Disponível em: <https://pt-br.padlet.com/>. Acesso em: 10 jul. 2024.*

Capítulo 2

Nascimento do sistema feudal

Neste capítulo, daremos enfoque ao século VI, quando ocorreu a migração e a formação dos reinos romano-germânicos e o nascimento de um sistema feudal de origem romano-germânica.

Como esclarecemos no capítulo anterior, os laços estabelecidos entre os homens tornaram-se duradouros e geraram direitos e deveres. O ato de doação de títulos de nobreza realizado por Carlos Magno e a instituição das marcas (marqueses), dos ducados (duques) e dos condados (condes) criou vínculos de dependência, os quais deram origem a um novo sistema econômico e político, em que a posse de terra era crucial para a manutenção do poder. Assim, surgiu o feudalismo e, com ele, o chamado *sistema feudal*, no qual senhores feudais, reis e papas disputavam *status* e poder entre si.

No Mapa C, presente no Caderno de Mapas, é possível observar a divisão da Europa no auge do feudalismo, em meados do século XI.

(2.1)
Os senhores feudais

A sociedade feudal se dividia em três grupos sociais (sistema trifuncional): os *oratores* (membros do clero), que tinham a função social de orar; os *bellatores* (nobres), cuja função social era lutar e defender os outros grupos sociais; e os *laboratores* (camponeses), que tinham como função social trabalhar para dar o sustento para os outros dois grupos. A burguesia, que não aparece na trifuncionalidade por ser uma classe ainda em surgimento, é um dos pontos centrais de construção da medievalidade a partir do século XI. Nesta seção, demonstraremos como se formaram os feudos com os senhores feudais, que compuseram o grupo dos *bellatores*: os donos do feudo e os vassalos do rei.

Figura 2.1 – Pirâmide social medieval

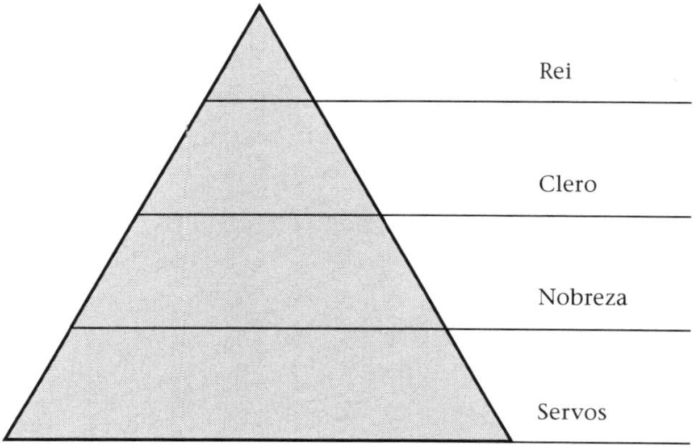

Fonte: Sociedade..., 2023.

No topo da pirâmide temos o rei, seguido, respectivamente, do clero, da nobreza e dos servos (ou camponeses). Cada classe tinha uma função específica (orar, guerrear, trabalhar) na sociedade e todas eram subordinadas ao representante de Deus na Terra (o rei).

A pirâmide é a maneira mais comum de representar os grupos sociais da Idade Média na Europa Central. Cada um exercia uma função específica, mas todos pertenciam a um sistema de ajuda mútua, em que cada grupo dependia do outro.

> Nas proximidades do ano mil, a literatura ocidental apresenta a sociedade cristã segundo um esquema novo que logo conhece grande sucesso. A sociedade é composta por um "povo triplo": sacerdotes, guerreiros, camponeses. Três categorias distintas e complementares, cada uma necessitando das outras duas. Seu conjunto forma o corpo harmonioso da sociedade. Tal esquema parece ter aparecido na tradução muito livre da Consolação de Boécio feita no fim do século 9° pelo rei Alfredo, o Grande, da Inglaterra. (Le Goff, 2005, p. 257)

Esse sistema de três grupos sociais também é citado em outras obras dos séculos X, XI e XII, reforçando a importância desse esquema para a manutenção dos poderes instituídos. Devemos ressaltar que esse esquema se revelou inviável e impraticável com a ascensão da classe burguesa e a falência da nobreza feudal. A Europa Central vivenciou, em meados do século XI, uma descentralização acentuada de poder, na qual os reis tentaram, sem sucesso, retomar a centralização. Os grandes responsáveis por esse cenário político foram os senhores feudais (que podem ser comparados aos grandes latifundiários da contemporaneidade), que tinham um séquito de homens trabalhando em seu benefício – os camponeses, agregados do grande senhor.

Com o fim do Império Romano, houve um forte processo de ruralização. Vários indivíduos abandonaram as cidades e seguiram rumo ao campo. Para manter sua segurança e a de sua família, vincularam-se aos senhores feudais em troca de proteção e do mínimo necessário para sua subsistência. Os historiadores especializados em medievalidade convencionaram chamar essa unidade de produção de ***senhorio***. Como o senhorio era, muitas vezes, doado como um benefício, tornou-se hábito chamá-lo de ***feudo***.

Os feudos eram o lugar escolhido pela maioria das pessoas que abandonavam as cidades. Logo, os senhores feudais acolhiam essas pessoas e suas famílias em troca de trabalho braçal realizado em seus campos de cultivo. Vivendo no feudo em um sistema de servidão – diferente de escravidão –, o servo não podia abandonar a terra, tampouco ser vendido como uma mercadoria (na escravidão, o escravo podia ser vendido, trocado e negociado da maneira que seu "dono" julgasse melhor). O sistema de servidão inseriu o camponês na condição de vinculado à terra, ou seja, ele deveria permanecer toda a vida naquele feudo; mesmo com a morte de seu senhor, ele pertencia ao feudo, ou seja, encontrava-se "preso à terra".

As três ordens (século XI)

A sociedade dos fiéis forma um só corpo, mas o Estado compreende três. Porque a outra lei, a lei humana, distingue duas outras classes: com efeito, nobres e servos não são regidos pelo mesmo estatuto. Duas personagens ocupam o primeiro lugar: uma é o rei, a outra o imperador; é pelo seu governo que vemos assegurada a solidez do Estado. O resto dos nobres tem o privilégio de não suportar o constrangimento de nenhum poder, com a condição de abster dos crimes reprimidos pela justiça real. São os guerreiros, protetores das igrejas; são os defensores do povo, [tanto] dos grandes como dos pequenos, enfim, de todos, e asseguram ao mesmo tempo a sua própria segurança. A outra classe é dos servos: esta raça infeliz apenas possui algo à custa do seu penar. Quem poderia, pelas bolas da tábua de calcular, fazer a conta dos cuidados que absorvem os servos, das suas longas caminhadas, dos seus duros trabalhos? Dinheiro, vestuário, alimentação, os servos fornecem tudo a toda a gente. Nem um só homem livre poderia subsistir sem os seus servos.

A casa de Deus, que acreditam uma, está pois dividida em três: uns oram, outros combatem, outros, enfim, trabalham. Estas três partes que coexistem não suportam ser separadas; os serviços prestados por uma são a condição das obras das outras duas; cada um por sua vez encarrega-se de aliviar o conjunto. Por conseguinte, este triplo conjunto não deixa de ser um; e é assim que a lei pode triunfar, e o mundo gozar da paz.

Fonte: Adalbéron de Laon, citado por Pedrero-Sánchez, 2000, p. 91.

De acordo com o trecho citado, originalmente do século XI, é possível constatar a fundamentação das três ordens e como eram de suma importância nessa sociedade. Alguns historiadores se dedicaram ao estudo das três ordens feudais, ou seja, dos três grupos sociais que compunham a sociedade medieval. Eis o que explica Duby (1982, p. 13) sobre essas camadas sociais medievais:

> "Uns dedicam-se particularmente ao serviço de Deus; outros garantem pelas armas a defesa do Estado; outros ainda a alimentá-lo e a mantê-lo pelos exercícios da paz. São estas as três ordens ou estados gerais da França: o Clero, a Nobreza e o Terceiro Estado". Esta é uma das afirmações com que abre o Tratado das Ordens e Simples Dignidades que Charles Loyseau, parisiense, publicou em 1610 e que, ao ser conhecido, logo foi considerado muito útil, sendo sucessivamente editado durante o século XVII.

Os homens das armas eram os nobres, que tinham como função primordial defender o regime imposto. Protegiam suas terras e as de seus aliados, prestavam juramento de fidelidade ao rei, que os chamava em socorro sempre que necessitava. Esse sistema de três ordens imperava na porção central da Europa, mas não em todo o continente; no Leste europeu, vivia-se outra realidade, e no Oeste havia domínio muçulmano, principalmente na Península Ibérica[1] – retomaremos esse assunto no Capítulo 4, dedicado ao surgimento e à expansão do islã.

---

1 *Na Península Ibérica, desenvolveu-se uma realidade distinta da do restante da Europa, pois ela estava sob domínio dos mouros (muçulmanos) desde meados do século VII, quando os reinos cristãos ficavam ao norte da península – o restante dela era islâmica. Durante vários séculos, houve constantes conflitos entre cristãos e muçulmanos, os quais foram completamente resolvidos apenas em meados do século XV. Esse período de conflitos ficou conhecido como* Reconquista.

Preste atenção!

A historiadora Fátima Regina Fernandes (2006, p. 102-103) diz o seguinte sobre a expansão do islamismo:

> O monoteísmo islâmico expande-se pelas mãos dos continuadores de Maomé, os califas, para o Oriente e para o Ocidente, desde o século VII, da Península Arábica e chegaria, no século VIII, até a Península Ibérica, incluindo todo o norte da África. Tamanha dimensão de espaços islamizados pressupõe etnias, culturas, dialetos diferenciados, daí falarmos em *muçulmanos* – e não em árabes – [para] aqueles que vivem sob a égide da religião islâmica. Esse movimento de expansão para o Ocidente dificulta o controle pela Península Arábica e gera uma divisão do poder entre os grandes espaços de dominação muçulmana. Assim, a unidade religiosa mantém-se, mas a unidade política é fracionada em três grandes eixos de poder.

Essa expansão islâmica também tem uma relação direta com os favores dados pelos reis aos seus senhores para gerar uma relação de ajuda, principalmente diante do avanço da religião islâmica no Ocidente.

Os senhores feudais disputavam entre si favores do rei; quanto mais próximo dele, mais benefícios eram conquistados. A relação gerava dependência entre esses homens, que se encontravam em condições vantajosas nessa hierarquia social, pois, segundo uma tradição cristã perpetuada por vários prelados da Igreja, era uma hierarquia imposta por vontade divina. Duby (1982) mostra claramente essa condição divina na divisão social ao analisar dois documentos escritos por clérigos da Igreja, que justificam e reafirmam essa condição social:

> Antes de apresentar, em estilo direto, as palavras de Gerardo, o seu biógrafo indica, com uma frase: "Demonstrou que, desde a origem, o gênero humano se dividiu em três: as gentes da oração, os cultivadores e as gentes de guerra; forneceu a prova evidente de que cada um é o objeto, por um e outro lado, de certo cuidado recíproco". Eis a frase, a curta frase que exprime a figura trifuncional. E eis também o seu lugar dentro do sistema. A posição que ocupa é a mesma, ou quase, em Gerardo e em Loyseau. Tal verificação, tal postulado, vem reforçar, aqui e além, um discurso sobre a desigualdade. (Duby, 1982, p. 53)

Assim, essa estrutura social se perpetuou e se justificou entre os três grupos sociais (clero, nobreza e restante da população – servos ou camponeses). Nessa sociedade, os senhores feudais, assim como o rei, detinham direitos e privilégios mais consideráveis. Seus desmandos e suas atitudes nada cristãos se faziam notar em quase toda a Europa Central, de modo mais ou menos visível.

Em seus domínios, os senhores feudais eram absolutos e tinham normas e leis próprias para dominar seus subordinados. Seus agregados eram constantemente forçados a cumprir determinadas obrigações para se manterem sob proteção. Além disso, detinham o poder de ter seus vassalos e a honraria de tornar jovens nobres seus cavaleiros. Suas terras eram imensas e governadas com mãos de ferro.

Os servos não tinham direitos, apenas deveres, e trabalhavam de forma compulsória até a exaustão: "A outra classe é a dos servos: essa raça maldita nada possui sem penar" (Adalbéron de Laon, citado por Le Goff, 2005, p. 257). Eram raros os momentos em que os senhores praticavam atos de humanidade dirigidos aos seus servos, mas não se deve generalizar, pois toda regra tem sua exceção. Nesse universo baseado em relações de dependência, estar vinculado a um poderoso senhor fazia toda a diferença, mesmo para um servo.

A Figura 2.2, a seguir, mostra os três grupos sociais devidamente ornamentados conforme suas funções sociais.

Figura 2.2 – Grupos sociais da Idade Média

Ingrid Skåre

Soberanos dentro de seus domínios, os senhores feudais eram os homens das armas. Quando não estavam em campo de batalha, estavam em caçadas, as quais só eram permitidas aos nobres, em uma tradição germânica que esteve presente durante a Idade Média. Muitos jovens eram desafiados nas caçadas para se tornarem "verdadeiros homens".

> Então se estabelece essa rivalidade entre o homem e o animal que permite saber se a lei do mais forte é a da natureza ou a da cultura, a do instinto ou a da inteligência. A finalidade da caça não consiste apenas em abastecer as cozinhas, mas também em treinar para a guerra, para a arte de matar. (Veyne, 2009, p. 475)

Portanto, quando não estavam em guerra, estavam treinando para ela. Esse era o mundo dos senhores feudais, ora em guerra, ora em treinamento. Eles também cuidavam da administração de seus feudos e cobravam impostos, os quais mantinham suas economias em dia. Nem sempre recebiam o que queriam, mas de uma maneira ou de outra conseguiam receber seus impostos, fosse em produtos, fosse em serviços. Mas isso não lhes garantia bons proventos e muitos nobres acabavam por se endividar com os "banqueiros" burgueses que emprestavam dinheiro a juros altíssimos para que a nobreza conseguisse manter seu *status*. Só dilapidar sua fortuna não dava à nobreza retorno, visto que não trabalhavam e viviam de favores no esquema feudal de alianças, acordos matrimoniais e recebimento de impostos.

A Europa Central tinha uma configuração bem peculiar baseada nos laços de parentesco, e os senhores feudais tinham papel crucial de manter essa tradição, pois representavam o poder e a manutenção de uma tradição. Porém, sem o capital (dinheiro), esse sistema já tendia a se tornar obsoleto e impraticável.

> A burguesia, nascida da própria dinâmica feudal, mas elemento desestruturador daquela sociedade, continuava a ganhar terreno. É verdade que as cidades também foram atingidas pela crise econômica e demográfica, porém proporcionalmente menos que o campo. Ademais, os problemas da zona rural aceleraram a tendência anterior de penetração burguesa no campo, comprando terras de nobres arruinados. Assim, a

> burguesia revelava-se um elemento dissolvente do Feudalismo em vários aspectos. Por suas atividades comerciais, artesanais e bancárias, rompia aos poucos o predomínio absoluto da agricultura. Por seus interesses na centralização política e seu consequente apoio à monarquia, contribuía para o recuo da aristocracia. Por seu racionalismo e individualismo, se opunha à religiosidade e coletivismo feudais. Por sua própria origem marginal e camponesa, quebrava a rigidez e a hierarquia sociais. Não é de se estranhar, portanto, que um sermão do século XIV afirmasse que "Deus fez os clérigos, os cavaleiros e os trabalhadores, mas o demônio fez os burgueses e os usurários". (Franco Júnior, 1983, p. 83-84)

Os senhores feudais não encontravam mais sustentação do seu poder na monarquia com a ascensão da classe burguesa e seu constante enriquecimento e empoderamento.

(2.2) Guerras feudais

Para os nobres, guerrear era uma questão de honra e estava intrínseco aos costumes germânicos. Segundo José Rivair Macedo (2006, p. 77), esse era um traço comum nesses homens:

> O velho historiador holandês Johan Huizinga resumiu em poucas palavras um aspecto marcante da sociedade nos séculos finais da Idade Média ao falar de certo "teor violento da vida". Nesse aspecto, defrontamo-nos com um traço quase milenar que caracterizou os comportamentos daqueles homens talhados desde a mais tenra infância para o combate, homens que viveram num tempo em que a prática da guerra estava disseminada entre os mais altos escalões da sociedade, a ponto de definir o estatuto social dos indivíduos, numa sociedade em que o ideal a ser seguido era ou o do santo ou o do guerreiro. Como dizia mais recentemente

Georges Duby, aquela era uma sociedade direcionada para a agressão. Suas características fundamentais resultam da mistura de elementos herdados do mundo romano e do mundo germânico – mundos muito diferentes em suas instituições e seus graus de desenvolvimento tecnológico, mas semelhantes no que diz respeito ao valor concedido à guerra.

Qualquer motivo era suficiente para levar a um conflito, como questões familiares, vingança, traição e herança. Um homem que não guerreava poderia ser considerado um fraco, equiparável às mulheres, que na Idade Média eram vistas como fracas e dependentes dos outros.

> O nobre combatia a cavalo; ou, pelo menos, se por acaso durante a ação tinha que pôr o pé em terra, só se deslocava montado. Além disso, combatia com o equipamento integral. Ofensivo: lança e espada, algumas vezes clava. Defensivo: o elmo, que protegia a cabeça; depois, cobrindo o corpo, uma cota metálica, toda ou só em parte; no braço, finalmente, o escudo, triangular ou redondo. Não era apenas o cavalo que, propriamente falando, fazia o cavaleiro. Não dispensava, também, o seu mais humilde companheiro, o escudeiro, encarregado de cuidar dos animais e de conduzir, durante o caminho, as montadas sobresselentes. Algumas vezes, até os exércitos incluíam, ao lado da pesada cavalaria, outros cavaleiros mais levemente equipados, geralmente chamados *sergents*. O que caracterizava a classe mais elevada dos combatentes era a união do cavalo e do armamento completo. (Bloch, 1992, p. 322)

Para os nobres, como fica evidenciado na citação anterior, lutar era uma forma de viver, proveniente de uma tradição remota dos povos romano-germânicos, que davam valor excessivo ao treinamento na arte de matar desde a mais tenra idade dos meninos. A guerra fazia parte da vida cotidiana do nobre e, para ele, não estar em combate gerava grande ócio e apatia. Para combater tais sensações, organizavam festivais de simulação de combate e caçadas.

O trecho citado ainda permite perceber que as vestimentas dos nobres também determinavam o grau de importância que tinham perante seus iguais. O poder emanava de sua armadura e dos adereços que usavam para expor aos outros seu poder social.

Os servos, por sua vez, não podiam usar armaduras ou ter cavalos, o que mudou apenas em meados do século XIII, quando alguns camponeses conseguiram ingressar em ordens militares, como os templários. Antes disso, era inexistente essa oportunidade social para os menos favorecidos.

A desigualdade social era perpetuada pela própria Igreja, ao tornar a trifuncionalidade uma categoria divina e extremamente excludente. O acesso a cavalos, por exemplo, era restrito aos nobres – um camponês que fosse apanhado montando um cavalo poderia ser punido com a morte, geralmente por enforcamento. Assim, os camponeses não se atreviam a adquirir um cavalo, fosse de maneira lícita ou ilícita.

Com relação às guerras, houve alguns conflitos considerados épicos na Idade Média, como a **Batalha de Poitiers** (732), em que Carlos Martel[2], avô de Carlos Magno, consagrou-se como grande vitorioso em luta direta contra os muçulmanos, que queriam invadir o território franco. Algumas inovações na arte da batalha apareceram nesse conflito:

> A utilização da cavalaria pesada em combate passou a ser frequente sobretudo após a batalha de Poitiers, ocorrida em 732, quando os guerreiros francos da Austrásia, Nêustria, e os aquitanos, liderados pelo avô

---

2 *Seu pseudônimo, "Martel", provém de uma lenda segundo a qual, quando em batalha, ele batia com extrema violência em seus adversários, com seu "martelo de guerra", sua arma preferida, conforme uma tradição germânica.*

> de Carlos Magno, chamado Carlos Martel, alcançaram significativa vitória contra a cavalaria ligeira dos muçulmanos vindos do norte da África, que avançavam pela Europa pelos domínios já conquistados aos visigodos na Península Ibérica. A interposição de combatentes a cavalo entre as linhas da infantaria impossibilitou o avanço do inimigo, e o ataque da cavalaria no flanco esquerdo forçou o recuo dos muçulmanos. (Macedo, 2006, p. 92)

Essa batalha marcou uma derrota significativa para os muçulmanos em sua tentativa de expansão para além da Península Ibérica e tornou Carlos Martel um nome forte para substituir a dinastia vigente, que já dava sinais de desgaste ante os opositores. Essa batalha pode ser considerada uma das mais importantes do século VIII. Depois dela, houve uma mudança da dinastia Merovíngia para a Carolíngia.

No período medieval, como já mencionamos, a guerra fazia parte da estrutura mental dos homens (nobres), pois sua função social exigia uma atividade diária de combate e defesa da estrutura vigente. Ser nobre significava estar em constante conflito, colocando à prova sua bravura e suas habilidades com as armas.

Desde o período dos germânicos, a guerra era uma questão fundamental na vida de um homem. Ações como lutar e entrar em combate determinavam a virilidade e a honra. Vários homens se consagraram grandes guerreiros medievais que registraram seu nome na história ao participar de batalhas épicas. As armas, por sua vez, eram bem diversificadas: espadas, arpões, arco e flecha, escudos, elmos, armaduras, facas das mais variadas, adagas, lanças, entre outras. Todas elas eram confeccionadas com os objetivos de lutar, combater, guerrear e caçar – a caça era uma especialidade dos nobres e um de seus passatempos preferidos.

Na Figura 2.3, é possível observar algumas dessas armas, bem como inferir a importância da guerra.

Figura 2.3 – Batalha de Poitiers

Ann Ronan Pictures/Heritage Images/Imageplus

STEUBEN, C. **Batalha de Poitiers**, 732. 1837. Palácio de Versalhes, Paris, França.

A pintura de Charles de Steuben retrata a Batalha de Poitiers e evidencia o quanto ela foi sangrenta, além de possibilitar a distinção de cristãos e muçulmanos em sua representação. Uma observação mais detalhada, inclusive, deixa mais evidentes as diferenças entre os dois grupos no campo de batalha.

A guerra na vida do cavaleiro medieval pode ser definida da seguinte maneira:

> Habituado a não temer o perigo, o cavaleiro encontrava na guerra um outro encanto ainda: o dum remédio contra o tédio. Pois para os homens cuja cultura, durante longo tempo, permaneceu rudimentar e que – exceтuando alguns altos barões e os que os rodeavam – não estavam ocupados com pesados cuidados de administração, a vida decorria facilmente numa cinzenta monotonia. Assim nasceu uma vontade de diversões que, quando o solo natal lhe não oferecia alimento suficiente, procurava a sua satisfação em terras longínquas. (Bloch, 1992, p. 326)

O tédio, muitas vezes, levava o nobre a buscar diversão em terras distantes, em conflitos perdidos. Uma certeza era a de que ele desejava morrer com glória, em nome de Deus, em um manifesto desejo pelo martírio, pela purgação dos pecados.

> Esta índole nômada foi, sem discussão, particularmente frequente nos franceses. Porque a sua pátria não lhes oferecia, como a Espanha meio muçulmana, ou, em menor grau, a Alemanha, com a sua fronteira eslava, terrenos próximos de conquistas ou de surtidas; nem, como a Alemanha, ainda, as limitações e os prazeres das grandes expedições imperiais. Provavelmente, também, a classe dos cavaleiros ali era mais numerosa do que noutros lugares, por conseguinte, mais pobre. Na própria França, muitas vezes se tem observado que a Normandia foi, de todas as províncias, a mais rica de audazes aventureiros. (Bloch, 1992, p. 326)

Essa busca por conflitos, aliada à índole guerreira da nobreza europeia, levou a Igreja a realizar proclames com a intenção de barrar os conflitos nos territórios pacificados e já "civilizados". Esses atos impulsionaram as migrações de nobres para terras mais distantes na busca por conflitos.

A paz de deus

Foi então (no milésimo ano da Paixão do Senhor) que, primeiro nas regiões da Aquitânia, os abades e os outros homens dedicados à santa religião começaram a reunir todo o povo em assembleias, para as quais se trouxeram numerosos corpos de santos e inumeráveis relicários cheios de santas relíquias. A partir daí irradiaram, pela província de Arles, depois pela de Lyon; e assim, por toda a Borgonha e até nas regiões mais recuadas da França, foi anunciado em todas as dioceses que em determinados lugares, os prelados e os grandes de todo país iam reunir assembleias para o restabelecimento da paz e para a instituição da santa fé. Quando a notícia destas assembleias foi conhecida de toda a população, os grandes, os médios e os pequenos para elas se dirigiam, cheios de alegria, unanimemente dispostos a executar tudo o que fosse prescrito pelos pastores da Igreja: uma voz vinda do Céu e falando aos homens sobre a Terra teria feito melhor. Porque todos estavam sob o efeito do terror das calamidades da época precedente, e atazanados pelo receio de se verem retirar no futuro as doçuras da abundância. Um documento, dividido em capítulos, continha ao mesmo tempo o que era proibido fazer e os compromissos sagrados que se tinha decidido tomar para com o Deus todo-poderoso. A mais importante destas promessas era a de observar uma paz inviolável; os homens de todas as condições, qualquer que fosse a má ação de que fossem culpados, deviam a partir daí poder andar sem receio e sem armas. O ladrão ou aquele que tinha invadido o domínio de outrem estava submetido ao rigor de uma pena corporal. Aos lugares sagrados de todas as igrejas devia caber tanta honra e reverência que, se um homem, punível por qualquer falta, aí se refugiasse, não sofreria nenhum dano, salvo se tivesse violado o dito pacto de paz; então era agarrado, retirado do altar e devia sofrer a pena prescrita. Quanto aos clérigos, aos monges, e às monjas, aquele que atravessasse uma região na sua companhia não devia sofrer nenhuma violência de ninguém. Tomaram-se nestas assembleias muitas decisões que queremos ir narrando. Fato muito digno de memória, toda a gente esteve de acordo para daí em diante santificar em cada semana a sexta-feira, abstendo-se do vinho, e o sábado, privando-se da carne salvo nos casos de doença grave ou se nesses dias se desse uma grande solenidade; se fosse levado por qualquer circunstância a afrouxar um pouco esta regra, devia-se então alimentar três pobres.

Fonte: Glaber, citado por Pedrero-Sánchez, 2000, p. 78-79.

Paz de Deus foi um dos vários documentos formulados pela Igreja com a clara intenção de acalmar o ímpeto guerreiro da nobreza europeia. Houve também outro documento, extremamente relevante para a compreensão da medievalidade e da dinâmica empregada pela Igreja para pautar a sociedade, a *Trégua de Deus*, produzido com o mesmo objetivo do anterior. Raul Glaber, cronista medieval, assim se refere a esse documento:

> Aconteceu nesse tempo [em 1041, diz Glaber, mas de fato um pouco mais cedo] que, sob inspiração da graça divina, e em primeiro lugar na região da Aquitânia, depois, pouco a pouco, em todo o território da Gália, se concluiu um pacto, ao mesmo tempo por medo e por amor de Deus. Proibia a todo o mortal, de quarta-feira à noite, à madrugada de segunda-feira seguinte, ser suficientemente temerário para ousar tomar pela força o que quer que fosse a alguém, ou para usar da vingança contra algum inimigo, ou mesmo para se apoderar das garantias do fiador de um contrato. Aquele que fosse contra esta medida pública, ou o pagaria com a sua vida, ou seria banido da sua pátria e excluído da comunidade cristã. Agradou a todos chamar a este fato, em língua vulgar, a trégua de Deus. Com efeito, não gozava apenas de apoio dos homens, como ainda foi muitas vezes retificada por temíveis sinais divinos. Porque a maior parte dos loucos que na sua audaciosa temeridade não recearam infringir este pacto foram castigados [sic] sem demora, quer pela cólera vingadora de Deus, quer pelo gládio dos homens. E isto deu-se em todos os lugares tão frequentemente que o grande número de exemplos impede de os citar um por um; além disso tratou-se apenas de justiça. Porque se o domingo é tido por venerável em lembrança da ressurreição do Senhor – também se chama a esse dia o oitavo – do mesmo modo o quinto, o sexto e o sétimo dia da semana, em lembrança da Ceia e da Paixão do Senhor, devem ser dias santos e isentos de atos de iniquidade. (Glaber, citado por Pedrero-Sánchez, 2000, p. 79-80)

Com esses documentos oficiais, muito bem explicados por Raul Glaber, fica claro como a Idade Média era violenta. Para conter essa violência, foi necessária a interferência da Igreja.

> Era uma época de violência, em que os inermes, incapazes de defender-se, e os que não dispunham de alguém que lhes pudesse oferecer proteção sujeitavam-se a todo tipo de ataque. Em breve a Igreja interviria perante as autoridades, visando controlar o furor da nobreza, instituindo o movimento da Paz de Deus (protegendo os fracos e os próprios membros do clero) e o movimento da Trégua de Deus (limitando os períodos de conflito). E ao deslocar os efeitos nefastos dessa violência, pregando a Guerra Santa contra os infiéis muçulmanos, a guerra passou a ser revestida de um caráter positivo, nascendo assim a figura do *miles Christi*, o cavaleiro de Cristo.
>
> Assim, ao longo desses séculos iniciais da Idade Média, pode-se constatar alguns aspectos recorrentes na evolução da função social da guerra. Inicialmente, ela era uma atividade permanente no mundo bárbaro, definindo o lugar dos indivíduos na sociedade ao garantir o estatuto de homem livre aos guerreiros. Em segundo lugar, a progressiva afirmação do combate a cavalo esteve relacionada com a constituição de um pequeno grupo de cavaleiros couraçados e à promoção social e política dos estratos que controlavam os equipamentos necessários para se fazer a guerra. Por fim, pressente-se lenta alteração no modo de conceber-se a guerra: de um caráter meramente destrutivo, tal qual se apresentava no momento da desagregação do Império Romano (séculos IV-V), aos poucos ela foi sendo vista como um instrumento que podia ser colocado a serviço dos reis e, sobretudo, a serviço da Igreja – o que veio a se concretizar na ideia do "cavaleiro de Cristo" e da Guerra Santa durante o século XI. (Macedo, 2006, p. 93)

Os homens medievais tinham uma ascendência guerreira e bélica. Lutar, portanto, estava na gênese de seu ser; sem conflitos, querelas ou disputas, eles se sentiam perdidos, sem utilidade. Já que eram servidos e paparicados por uma infinidade de servos, o conflito tornara-se a razão da existência desses homens, que sem a guerra acabavam por perder sua identidade social.

(2.3)
Fidelidade e honra

A nobreza feudal vivia de códigos de fidelidade e honra, que se tornaram mais claros quando surgiram os manuais dos cavaleiros. Esses livros serviam como um guia e continham as práticas que deveriam fazer parte da conduta do bom cavaleiro.

> Era natural que uma classe tão claramente delimitada pelo gênero de vida e a supremacia social acabasse por obter um código de conduta que lhe fosse próprio. Mas estas normas só se precisaram, para simultaneamente se apurarem, durante a segunda idade feudal, que foi, afinal, a da tomada de consciência. (Bloch, 1992, p. 336)

A segunda idade feudal à qual se refere Bloch (1992) ocorreu a partir do século XI, período em que o primeiro manual do cavaleiro foi escrito e amplamente difundido na Europa Central.

> Os *defensores* são um dos três estados porque Deus quis que se mantivesse o mundo: e assim como aqueles que rogam a Deus pelo povo são chamados *oradores* e os que lavram a terra e fazem aquelas coisas que permitem aos homens viver e manter-se, são chamados *lavradores*, outrossim, os que têm de defender a todos são chamados dos *defensores*. Portanto, os antigos houveram por bem que os homens que fazem tal

obra fossem muito escolhidos porque para defender são necessárias três coisas: esforço, honra e poderio. (Afonso X, citado por Pedrero-Sánchez, 2000, p. 99-100, grifo do original)

Ser cavaleiro na Idade Média significava adotar um comportamento cortês para com as damas e ser um protetor nato dos menos favorecidos, excluídos e injustiçados. Os jovens nobres eram levados para torneios e festas para provar suas habilidades como cavaleiros e, posteriormente, realizar um juramento diante de um senhor. Muitos eram filhos mais novos de um senhor e não tinham direito ao feudo, que era por tradição herdado pelo filho primogênito. A única maneira de manterem seus benefícios e regalias era por meio da filiação a um senhor poderoso e necessitado de bravos cavaleiros para defender seus bens. Le Goff (2011, p. 89) apresenta a seguinte definição de *cavaleiro*:

> Tendo em vista que o cavaleiro é antes de tudo um guerreiro, o que explica em grande parte o seu prestígio em uma sociedade na qual a guerra é onipresente, apesar de suas aspirações à paz, convém comentarmos imediatamente o seu equipamento militar. As suas principais armas são a longa espada de gume duplo, a lança com cabo de madeira de freixo ou de faia e ponta larga de ferro e o escudo de madeira revestido de couro que tomava diversas formas: circulares, oblongas ou ovoides. A rígida couraça dos romanos dá lugar à brunea, um gibão de couro recoberto de escamas de metal imbricadas como as telhas de um telhado. O elmo geralmente não é mais do que uma calota de ferro, às vezes formada por uma armadura metálica revestida de couro.

Nitidamente, ser cavaleiro na Idade Média conferia o *status* de guerreiro completo, aquele que dominava suas armas sobre o cavalo. O acesso a essas armas era um benefício da nobreza, a ela conferido para manter a honra e a fidelidade ao senhor. Com o surgimento dos cavaleiros, nasceu também a cavalaria. Fazer parte dela significava ter uma conduta ilibada. "A cavalaria foi a expressão mais característica do feudalismo" (Le Goff, 2011, p. 93).

> Se um homem pretendesse ser cavaleiro sem ser gentil-homem de linhagem, mesmo que o fosse pela sua mãe, não poderia sê-lo por direito; antes o poderiam tomar os reis ou os barões onde estivesse a castelania e mandar-lhe por direito cortar as esporas sobre uma estrumeira [...]; porque não é costume a mulher nobilitar o homem, mas sim o homem nobilitar a mulher. Na verdade, se um homem de grande linhagem tomasse por mulher a filha de um vilão, o seu filho poderia bem ser um cavaleiro de direito, se o quisesse. (Les Établissements de Saint Louis, citados por Pedrero-Sánchez, 2000, p. 100)

Nesse trecho, é possível perceber a preocupação com relação a qual homem teria o direito de se sagrar cavaleiro. Esse título não poderia vir por casamento com uma mulher nobre, já que quem conferia a nobreza era o homem. Por sua vez, teriam direito a serem cavaleiros os filhos de um nobre que tomasse como esposa a filha de um vilão[3]. Essas normas eram seguidas e obedecidas. Assim, a condição de cavaleiro pressupunha uma linhagem nobre, conforme o relato de Raimundo Lúlio (citado por Pedrero-Sánchez, 2000, p. 100-101):

> Não é bastante para a grande honra que pertence ao cavaleiro a sua escolha, o cavalo, as armas e o senhorio, mas é mister que tenha escudeiro e troteiro que o sirvam e cuidem dos seus cavalos; e que as gentes lavrem, cavem e arranquem a maleza da terra, para que dê frutos de que vivam o cavaleiro e os seus brutos; e que ele ande a cavalo, trate-se como senhor e viva comodamente daquelas coisas em que os seus homens passam trabalhos e incomodidades.

---

3 *O termo* vilão *é aqui empregado em referência ao descendente de camponeses livres.*

> [...] Correr em cavalo bem guarnecido, jogar a lança nas liças, andar com armas, participar em torneios, fazer tábulas redondas, esgrimir, caçar cervos, ursos, javalis e leões e outros exercícios semelhantes, pertence ao ofício de cavaleiro, pois com tudo isto se acostuma a feitos de armas e a manter a Ordem da Cavalaria. Portanto, desprezar o costume e uso por meio dos quais o cavaleiro se dispõe para o uso do seu ofício é menosprezar a Ordem da Cavalaria.

O livro da Ordem de Cavalaria, escrito por Raimundo Lúlio entre 1274 e 1276, foi amplamente divulgado e servia como base de conduta do bom cavaleiro. Era uma grande honra fazer parte desse grupo de homens, bem como lutar ao lado deles. Foi a partir da escrita dessa obra que ocorreu a fundamentação do ofício de cavaleiro.

> Então mandou o rei anunciar entre a hoste que quem quisesse tornar-se cavaleiro avançasse, e ele daria a Ordem da Cavalaria em honra de Deus e de São Jorge. E parece-me, segundo estou informado, que houve aí 60 novos cavaleiros com os quais o rei teve grande alegria e pô-los na primeira frente da batalha dizendo-lhes:
>
> "Belos senhores, a Ordem da Cavalaria é tão nobre e tão alta que ninguém, que seja cavaleiro, deve pensar em impureza, vício ou covardia, mas deve ser orgulhoso e ousado como um leão quando tem o bacinete ou o elmo na cabeça e vê os seus inimigos. E porque quero que mostreis proezas onde pertence mostrá-las, envio-vos e mando-vos para a primeira linha da batalha. Fazei pois de tal forma que aí tenhais honra, porque de outra maneira as vossas esporas não estariam bem assentes." Cada novo cavaleiro respondeu por sua vez e disse ao passar diante do rei: "Senhor, faremos bem, se Deus quiser, enquanto tivermos a Sua graça e o vosso amor". (Froissart, citado por Pedrero-Sánchez, 2000, p. 103-104)

A fidelidade e a honra eram conceitos que norteavam a vida do nobre medieval, principalmente dos cavaleiros que pertenciam à Ordem de Cavalaria, homens com compromissos indissolúveis perante os outros. Esses conceitos eram muito mais contundentes do que a noção atual de honra e fidelidade. Para aqueles homens medievais, tal noção envolvia questões de fé e poder divino. Na contemporaneidade, várias lendas e mitos de cavaleiros permeiam o imaginário popular e constroem uma representação do que era um cavaleiro ideal, o que, na verdade, reflete exatamente a imagem que os próprios cavaleiros desejavam perpetuar.

> Foi o mito – o mito do cavaleiro que busca o absoluto e vinga os oprimidos – que, através da lenda e da literatura, terminando no cinema, sobreviveu nas mentalidades coletivas. Em outras palavras, a imagem que nós geralmente concebemos hoje do cavaleiro medieval não é outra senão uma imagem ideal: é precisamente a representação que a casta cavaleiresca pretendia dar de si mesma e que ela conseguiu, através dos trovadores, impor à opinião. (Le Goff, 2011, p. 88)

Como você pode depreender, essa mitologia transmite ideais de lealdade, fidelidade e honra, conceitos primordiais para um cavaleiro. A gentileza também fazia parte dessa construção ideal – um homem que poderia ser, ao mesmo tempo, humano e guerreiro. Essa é a representação precisa do cavaleiro ideal no século XIII.

Preste atenção!

Você deve se lembrar que o cavaleiro era um defensor dos mais fracos, das damas em perigo e fiel guerreiro dos senhores feudais e reis. Pensar a Idade Média e não imaginar os cavaleiros em suas armaduras é impossível. O imaginário comum foi construído e alimentado ao longo dos séculos por esse ideal de bom cavaleiro. Porém, não se deixe iludir: nem todo cavaleiro medieval era bom; inclusive, a maioria era desleal e não agia com tanta humanidade perante os fracos e desprovidos. Os pobres na Idade Média eram um grupo que não recebia a devida atenção dos cavaleiros, mesmo que, segundo as normas, estes devessem proteger os menos favorecidos – em vez de explorá-los, como normalmente acontecia. E havia uma quantidade considerável de indivíduos pobres (camponeses) que mal tinham o necessário para seu sustento básico.

Os cavaleiros estavam bem distantes do que atualmente é retratado nos filmes. Na verdade, estavam mais preocupados com suas vaidades pessoais do que com as ações humanitárias. Porém, como toda regra tem sua exceção, se nos debruçarmos mais atentamente em certos documentos da época, provavelmente encontraremos alguma menção a um notável cavaleiro, como o descrito no livro *Guilherme Marechal: ou o melhor cavaleiro do mundo*, de Georges Duby (1987), que fala sobre um cavaleiro (uma representação de virtude) cuja honra, lealdade e atos de bravura em favor de terceiros era uma constante.

Na Figura 2.4, a seguir, é retratada a imagem de um cavaleiro da Ordem de Cavalaria.

Figura 2.4 – Cavaleiro medieval da Ordem de Cavalaria

Mary Evans/Imageplus

Essa era a representação mais usual de um cavaleiro com suas armas. Com essa vestimenta, os cavaleiros entravam em campo de batalha, montados em seus cavalos, prontos para morrer defendendo as causas em que acreditavam. As batalhas medievais eram muito sangrentas e duravam muito tempo, levando os cavaleiros à exaustão; nelas, esses homens, que viviam sob um código de honra, lutavam e morriam por seus ideais.

A obra *O livro da Ordem de Cavalaria*, de Raimundo Lúlio (Llull, 2010), foi um dos grandes responsáveis por perpetuar essa imagem do "bom cavaleiro". Vários reis tinham a seu serviço os mais honrados cavaleiros, os quais foram matéria-prima de uma riquíssima construção literária, em que se descrevia e relatava a bravura e a honradez desses homens.

Síntese

Nesse capítulo, apresentamos a sociedade feudal tripartida, a qual era definida por uma composição de três grupos homogêneos e imóveis. Identificamos as várias construções teóricas eclesiásticas que reforçaram esse sistema social excludente, no qual os nobres tinham vantagens em relação aos demais, o que ficou evidenciado ao longo de nossa análise. Eles pertenciam a um grupo fechado e determinado pelo vínculo de sangue e tradição. Demonstramos, ainda, que a obra *O livro da Ordem de Cavalaria*, de Raimundo Lúlio (Llull, 2010), determinou as bases de conduta dos nobres. Assim, foi possível constatar a dinâmica dessa sociedade e sua normatização.

Para finalizar, retomamos o papel da Igreja e sua tentativa de controlar esses homens de armas por meio de documentos eclesiásticos oficiais como *Paz de Deus* e *Trégua de Deus*. As fontes primárias nortearam nossa reflexão sobre as questões dessa organização da sociedade feudal.

Indicações culturais

Filme

CORAÇÃO de cavaleiro. Direção: Brian Helgeland. EUA: Columbia Pictures do Brasil, 2001. 140 min.

Esse filme relata a saga de um jovem escudeiro que, após a morte de seu senhor, resolve tomar seu lugar para competir na justa, uma forma de competição de lança medieval em que montar a cavalo era crucial. Trata-se de uma produção que evidencia a relação dos nobres com seus escudeiros e o desejo do nobre por lutas e disputas.

Livro

LLULL, R. **O livro da Ordem de Cavalaria**. Tradução de Ricardo da Costa. 2. ed. São Paulo: Raimundo Lúlio, 2010.

Trata-se de uma fonte do século XIII que serviu de base para os cavaleiros medievais. A obra revela normas de conduta de um cavaleiro, desde procedimentos para ser bem aceito até questões relativas ao comportamento social. A leitura dessa obra permite compreender melhor a importância de ser um cavaleiro e o que isso implicava socialmente na sociedade feudal da Idade Média.

Atividades de autoavaliação

1. Indique se as afirmações a seguir são verdadeiras (V) ou falsas (F):
   ( ) O ato de doação de títulos de nobreza realizado por Carlos Magno e a instituição de marcas, ducados e condados criaram uma relação de dependência.
   ( ) Antes do século IX, houve a formação do primeiro manual do cavaleiro, que foi adotado por todos os que queriam seguir esse caminho.
   ( ) Os laços de dependência geravam uma descentralização do poder real, o qual era dividido entre diversos senhores feudais.
   ( ) Não existe no período medieval comprovação de laços indissolúveis.

Agora, assinale a alternativa que corresponde à sequência correta:

a) V, F, F, V.
b) F, F, V, V.
c) F, V, F, V.
d) V, F, V, F.

2. Assinale a alternativa correta:
   a) Soberanos dentro de seus domínios, os senhores feudais eram os homens das armas. Quando não estavam em campo de batalha, estavam em caçadas, as quais só eram permitidas aos nobres – trata-se de uma tradição germânica que esteve presente durante a Idade Média.
   b) Para a maioria dos historiadores, o período medieval foi extremamente obscuro e com comportamentos pacíficos na maioria da Europa.
   c) No período medieval, as mulheres também eram cavaleiras armadas, com os mesmos direitos dos homens.
   d) Ser cavaleiro na Idade Média significava levar uma vida de luxúria, conduta escusa e nada correta.

3. Considere as afirmativas a respeito da obra *O livro da Ordem de Cavalaria*, de Raimundo Lúlio, e assinale a alternativa correta:
   a) Um cavaleiro da Ordem de Cavalaria não poderia ter pensamentos impuros.
   b) O cavalo não era essencial para um cavaleiro, pois ele podia combater a pé.
   c) A cerimônia de ordenação de cavaleiro era realizada por um capelão.
   d) Todo cavaleiro tinha direito a um feudo e a vassalos.

4. No tocante à cerimônia de juramento de fidelidade, é **incorreto** afirmar:
   a) O juramento de fidelidade levava o rei, o suserano, a dar um feudo para um nobre, tornando-o seu vassalo.
   b) O juramento de fidelidade de um vassalo poderia ser feito em qualquer lugar e de qualquer jeito.
   c) O juramento de fidelidade era um momento único para suserano e vassalo.
   d) O juramento de fidelidade gerava direitos e deveres de ambos os lados.

5. Sobre os senhores feudais, é **incorreto** afirmar:
   a) A Igreja tentou controlar os senhores feudais por meio de documentos que condenavam a luta durante períodos considerados sagrados.
   b) Eram homens de armas, viviam para a guerra e à espera dela.
   c) Tinham direito a lutar e caçar onde quisessem. Sua liberdade era infinita.
   d) Eram homens de várias origens e grupos sociais.

Atividades de aprendizagem

Questões para reflexão

1. O feudalismo surgiu por meio das relações estabelecidas durante o Império Carolíngio: acordos de fidelidade e honra e a doação de terras e títulos de nobreza deram início a um sistema baseado na vassalagem. Como a tradição germânica, estudada no Capítulo 1, manifestou-se nas relações de vassalagem comuns entre os homens medievais? Após elaborar

sua resposta, compartilhe-a com sua turma por meio de um *jamboard* colaborativo.

2. Neste capítulo, identificamos que a desigualdade social era legitimada pela Igreja, que reafirmava a trifuncionalidade como uma categoria divina e extremamente excludente. Até mesmo o acesso a cavalos era restrito apenas aos nobres. Se um camponês fosse surpreendido montando um cavalo, poderia ser punido com a morte, geralmente por enforcamento. Que setores da sociedade medieval mais se beneficiaram com o sistema das três ordens? Explique essa situação social perpetuada pela Igreja. Você pode realizar a atividade mediante a elaboração de uma nuvem de ideias sobre a sociedade medieval e elencar os tópicos em questão.

Atividade aplicada: prática

1. Com base no que foi estudado neste capítulo, elenque as qualidades inerentes a um cavaleiro. Em seguida, elabore uma breve lista com essas qualidades e reflita se elas podem ser aplicadas às pessoas em geral na atualidade. Caso sua resposta seja negativa, produza um texto discursivo justificando criticamente seu posicionamento.

Capítulo 3

Fortalecimento da Igreja: o poder papal

Neste capítulo, abordaremos a institucionalização da Igreja medieval, dando enfoque às questões políticas que levaram à formação do poder papal, como a separação do poder entre **temporal** (político) e **espiritual** (religioso) – este pertencente à Igreja. Esclareceremos como a interferência dos papas (em especial, do Papa Gregório VII) no poder temporal gerou querelas, disputas e conflitos entre papas e imperadores. Você terá a oportunidade de refletir sobre o papel da Igreja, bem como a respeito das inúmeras tentativas dos papas de normatizar esse poder.

Inocêncio III foi um dos papas escolhidos para a análise aqui empreendida, e você terá a chance de entender melhor a importância desse papa para a história eclesiástica e a política da Igreja. Disponibilizaremos, também, informações sobre as Cruzadas e suas consequências, intimamente ligadas à Igreja e aos reis medievais. Destacaremos nesse ponto o teocentrismo presente na medievalidade, que interferiu de modo decisivo na vida do homem medieval. Também abordaremos as ordens mendicantes e sua luta contra as heresias, que levaram a cânones importantes durante o IV Concílio de Latrão (1215).

A Igreja Católica na Idade Média influenciou a arte sacra e, por essa razão, trataremos das principais mudanças iniciadas na concepção artística da época na arquitetura e na pintura.

(3.1) *Dictatus Papae*

O fortalecimento da Igreja ocorreu pelo acordo firmado com os germânicos, representados pelo Rei Clóvis, responsável pela união das tribos germânicas sob um único governante. Vale lembrar que as tribos germânicas não tinham uma coesão e cada chefe era autoridade máxima em seu clã. Assim se refere o historiador Chris Wickham (2019, p. 134-135) à cristianização e à expansão da Igreja:

> O cristianismo começou a espalhar-se pela Europa setentrional, grosso modo, do Oeste para o Leste, primeiro, lentamente, mas, depois de 950, aproximadamente, a um ritmo mais acelerado. Começou pela Irlanda, nos séculos V e VI. Depois, a Escócia picta; a Inglaterra e a Germânia central, no século VII; a Saxônia – pela força, como vimos – depois das conquistas de Carlos Magno, no século VIII, a Bulgária, a Croácia e a Morávia; no século IX, a Boêmia; no século X, a Polônia, a Rutênia (abrangendo partes da Rússia europeia e a Ucrânia), assim como a Dinamarca, no fim do século X; a Noruega, a Islândia e a Hungria, por volta do ano 1000; a Suécia mais lentamente, durante o século XI. As regiões afastadas do Nordeste da Europa foram as únicas que ficaram de fora: os territórios de línguas bálticas e finlandesa, os primeiros dos quais acabariam por formar, no século XIII, a única entidade política pagã de grandes dimensões e poder na Europa Medieval – a Lituânia –, antes dos seus grão-duques se converterem ao cristianismo em 1386-1387. Não é possível debruçarmo-nos pormenorizadamente sobre todos estes países e as informações de que dispomos, mesmo do período após a conversão, ainda são demasiado incompletas no que diz respeito a muitos destes territórios para que a investigação seja relevante.

Houve um progressivo processo de cristianização desses territórios, segundo Wickham (2019). Já no caso dos francos, há aspectos diferenciados. A partir do momento em que o rei dos francos se converteu ao cristianismo e aceitou ser batizado juntamente com seus guerreiros, abriu-se caminho para uma ligação mais próxima com a Igreja, que, então, começou a se fortalecer. Posteriormente, com Carlos Magno e sua coroação, esse pacto foi confirmado de forma definitiva e notória.

Depois de Carlos Magno, todo o rei necessitava da unção de um prelado da Igreja para legitimar seu poder na cristandade.

Ao longo do período medieval, vários papas tentaram normatizar a Igreja com o intuito de definir as competências e os poderes do papa, de um lado, e dos reis e imperadores, de outro. Um dos documentos mais famosos sobre essa tentativa de dar parâmetros a essas questões foi o *Dictatus Papae*, elaborado pelo Papa Gregório VII no ano de 1075.

Com a intenção de mostrar quais poderes eram inerentes aos papas e como os reis e imperadores deveriam agir perante a autoridade papal, esse texto, composto de 27 proposições, desencadeou a insatisfação da aristocracia (nobreza). Muitos reis e príncipes se revoltaram com o *Dictatus Papae* (*Decretos do papa*), gerando numerosos conflitos, que culminaram na saída de Gregório VII.

Eis a opinião do professor Leandro Rust (2011, p. 141) sobre esse documento, que gerou e ainda gera tanta discussão: "Se o *Dictatus Papae* exibe o modo como o papa Gregório VII e seus partidários conceituaram o poder pontifical, nem por isso este célebre *memorandum* revela ao historiador como eles o exerciam". Ainda na atualidade são identificadas algumas divergências: alguns historiadores acreditam que tal documento é relevante historicamente naquele contexto; outros, por sua vez, nem tanto. Porém, não se pode negar que essa fonte oficial suscita interesse e especulações sobre a real intenção a ela subjacente.

Figura 3.1 – *Dictatus Papae*

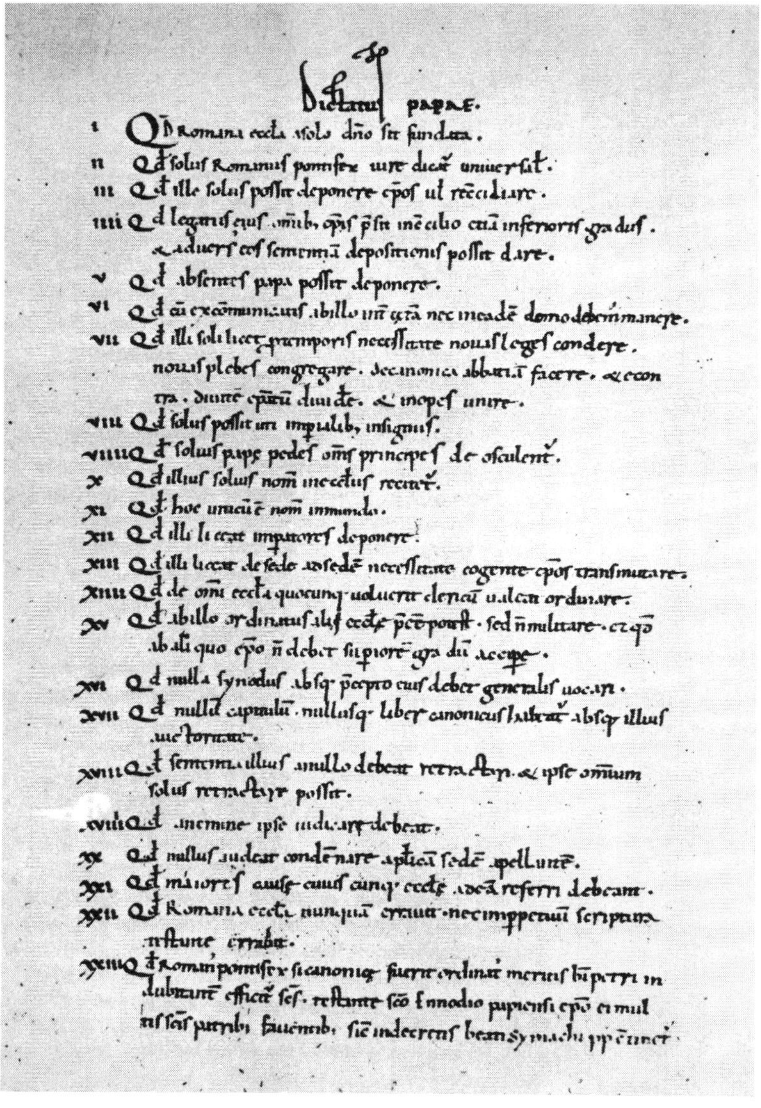

Pensar sobre esse documento conduz também à questão da trifuncionalidade – princípio em que as três ordens da sociedade são interdependentes, mas, ao mesmo tempo, marcadas por traços distintos bastante rigorosos. O *Dictatus Papae* pode ser visto como essa possibilidade de separação das funções e estabelecimento dos poderes. Essa reforma acabou por marcar a Igreja e os poderes estabelecidos.

> Gregório VII deu um passo decisivo neste aspecto com o *Dictatus Papae*, de 1075, no qual afirma, entre outras coisas, que: "Só o pontífice romano pode ser justamente considerado universal... Ele é o único cujo nome deve ser pronunciado dentro das igrejas... Aquele que não estiver com a Igreja romana não deve ser considerado católico". [...]
>
> Ao lado ou em face dele, o imperador está longe de ser de maneira tão incontestada a cabeça da sociedade laica. (Le Goff, 2005, p. 267)

Assim, havia uma sociedade com dois poderes instituídos, o papa e o imperador. Qual era o poder dominante e governante dessa sociedade? Essa questão dividiu fiéis e opiniões. Quem, de fato, detinha a primazia do poder? Quem representava o poder da cristandade? Questionamentos como esses levaram vários defensores dos dois lados a fazerem tratados e teses defendendo seus pontos de vista. Gregório VII foi o primeiro a fazê-lo, mas outros também questionaram quem de fato detinha o poder na medievalidade. Chris Wickham (2019, p. 179-180) assim define esse período:

> Reims inaugurou um novo período da "reforma" da Igreja no qual a participação papal era importante, pela primeira vez, nomeadamente sob a liderança de Leão, Alexandre II (1061-1073) e Gregório VII (1073), o antigo arquidiácono Hildebrando, cujo carisma, ambição e intransigência levaram muitos a passar a chamar a todo o movimento de "reforma" a "reforma gregoriana". Contudo, a situação não se reduziu a

> isto. Este período caracterizou-se pela convergência de reformistas de todos os tipos em Roma: Os lotaríngios, do séquito de Leão, mas também Humberto de Moyenmoutier, opositor radical à simonia, italianos do Norte, como Pedro Damião, fundador de mosteiros (ambos se tornaram cardeais), e ainda membros reformistas do próprio clero romano, nomeadamente Hildebrando. [...] Gregório VII acabou por fazê-lo, em 1078, com um decreto contra a investidura laica no seu sínodo primaveril daquele ano, mas só depois de os seus conflitos com Henrique IV já terem começado. Foi por causa desta última escolha de Gregório que a disputa entre o imperador e o papa foi considerada frequentemente como uma luta pelo controle do ritual de investidura. Mas, na realidade, este não passava de um elemento sem grande importância num conjunto mais vasto de questões relativas à singularidade espiritual, bem como à autoridade e autonomia dos clérigos. Era isto que estava realmente em causa, como se tornou cada vez mais evidente no pânico em torno da simonia (e também do sexo dos clérigos). Embora os argumentos relativos à investidura tenham aquecido bastante o debate no final do século, é significativo que se tenha conseguido encontrar um compromisso quando foi estabelecido um regime de paz, em 1122.

Esse documento elaborado por Gregório VII discorre sobre os direitos do pontífice, mas também confere as obrigações dos reis. Uma dessas obrigações seria a de se submeter. O papa, para Gregório VII, era a maior autoridade da Terra – apenas Deus estava acima dele. Portanto, tinha poderes ilimitados, em que temporal e espiritual se mesclavam. O papa poderia tudo: destituir, eleger, nomear, coroar, impor, entre outras funções[1].

---

1 *No Anexo 2, disponibilizado ao final desta obra, consta o documento na íntegra. Nele você poderá reconhecer uma função extremamente autoritária.*

O Rei Henrique IV foi um dos pivôs de uma das querelas entre um papa e um rei. O Papa Gregório VII chegou a destituí-lo de seu trono, ato que levou a uma disputa histórica entre Igreja e império.

Carta de Henrique IV a Gregório VII recusando-se a reconhecê-lo como papa (1076)

Henrique, rei não por usurpação, mas pela piedosa ordenação de Deus, a Hildebrando, agora não mais Papa, mas falso monge:

Vós mereceis uma saudação como esta por causa da confusão que haveis causado; por quererdes, deixando intocadas as ordens da Igreja, fazê-la participante da dúvida ao invés da honra, da maldição ao invés da bênção.

Para discutir alguns pontos relevantes dentre muitos: não só ousastes atingir os reitores da Santa Igreja – os arcebispos, bispos e padres, ungidos por Deus como o são – como também os esmagastes sob vossos pés como escravos que não sabem o que seu senhor poderá fazer. Esmagando-os, recebestes para vós mesmos os aplausos da boca da plebe. Julgastes que nenhum deles sabe nada, enquanto vós sabeis tudo. Em todo caso, vós usastes tão laboriosamente este conhecimento, não para edificar, mas para destruir, que podemos crer que São Gregório, cujo nome arrogastes a vós, certamente fez esta profecia sobre vossa pessoa quando disse: "Pela abundância de súditos que tem, a mente do prelado frequentemente se exalta, e ele pensa ter mais conhecimento que todos, desde que vê ter mais poder que eles".

[...] Ousastes ameaçar, tomar a realeza de nossas mãos, como se nós a tivéssemos recebido de vós, como se a realeza e o império estivessem em vossas mãos e não nas de Deus. [...]

Eu, Henrique, rei pela graça de Deus, juntamente com todos os nossos bispos, vos ordenamos: Descei! Descei!, condenado para sempre.

Fonte: Henrique IV, 1076, citado por Pedrero-Sánchez, 2000, p. 129-131.

A carta de Henrique IV foi uma represália aos *Dictatus Papae,* de Gregório VII. Na carta, percebe-se claramente a indignação do rei com o autoritarismo demonstrado pelo papa em seu documento, pois este interfere claramente no poder temporal, utilizando o poder espiritual como instrumento para aumentar sua jurisdição.

Como resposta à carta do rei, Gregório VII escreveu um documento destituindo Henrique IV de seu trono. A seguir, um trecho do documento elaborado pelo papa.

Deposição de Henrique IV por Gregório VII (1076)

Ó abençoado Pedro, príncipe dos Apóstolos, inclina teus ouvidos, nós suplicamos, e ouve a mim, teu servo, que te tem estimado desde a infância e resgatado até agora das mãos do perverso que me odiou e ainda me odeia por causa da minha lealdade a ti. Tu és testemunha, como o são também minha Senhora, a Mãe de Deus, e o abençoado Paulo, teu irmão entre os santos, que tua Santa Igreja Romana forçou-me, contra minha vontade, a ser seu regente. [...]

Portanto, confiando neste direito, e pela honra e defesa de tua Igreja, em nome de Deus Todo-Poderoso, Pai, Filho e Espírito Santo, pelo teu poder e autoridade, eu deponho o Rei Henrique, filho do Imperador Henrique, que se rebelou contra tua Igreja com audácia inaudita, do governo sobre todo o reino da Alemanha e Itália, e desobrigo todos os homens cristãos da fidelidade que juraram ou possam jurar a ele, e proíbo qualquer um de servi-lo como rei. [...]

E, desde que ele se recusou a obedecer como deve um cristão, ou seja, voltar para Deus que abandonara ao tratar com pessoas excomungadas, [...].

Fonte: Gregório VII, 1076, citado por Pedrero-Sánchez, 2000, p. 131-132.

A desobediência de Henrique IV levou o Papa Gregório VII a tomar uma atitude radical: excomungar o rei. Na Idade Média, um rei excomungado perdia seus súditos, seus guerreiros e ninguém mais lhe devia fidelidade, ou seja, ele perdia seus vassalos. Henrique IV viu-se obrigado, diante da excomunhão, a pedir desculpas ao papa. Assim, foi descalço ao encontro de Gregório VII, em Canossa, ao Norte da Itália. Mas isso não deu fim ao conflito, que, posteriormente, culminou no exílio de Gregório VII. Henrique IV governou até sua morte e fez sucessor seu filho, Henrique V, o qual foi um dos responsáveis pela assinatura da *Concordata de Worms* (1122)[2], por vezes chamada de *Pactum Calixtinum* por historiadores papais, pela qual ele, o rei, e o então Papa Calixto II finalizaram a questão, reconhecendo os poderes e a jurisdição de cada um.

(3.2)
As Cruzadas

Os indivíduos na Idade Média dedicaram a maior parte de sua atenção e de seus esforços à guerra. Ligados à tradição guerreira dos povos romano-germânicos, mantiveram esse ímpeto por estar constantemente em guerra. Com o crescimento da economia medieval e o aumento das cidades, a civilidade tornou-se uma regra, o que deu origem a uma questão: O que fazer com os homens ociosos em uma sociedade em processo de pacificação? Essa questão levou o então Papa Urbano II a convocar a primeira Cruzada, em 1095.

> O próprio papa Urbano deve ter ficado surpreendido com a rapidez com que seu apelo foi ouvido, visto que o recrutamento começou imediatamente entre condes e senhores dos castelos de França, estendendo-se também à Alemanha (onde um contingente milenário de camponeses também era numeroso) e, um pouco mais tarde, à Itália. Os exércitos partiram logo na primavera seguinte e continuaram a fazê-lo durante muitos anos. (Wickham, 2019, p. 186)

A seguir, apresentamos alguns trechos do documento elaborado por Urbano II que convocava os homens para a Cruzada.

---

2 *Disponibilizamos, no Anexo 3, a* Concordata de Worms. *Durante a leitura, é possível perceber no teor e na disposição do conteúdo o propósito de acabar com a disputa, que havia gerado danos para os dois lados do conflito.*

O Concílio de Clermont: Urbano II (1095)

Considerando as exigências do tempo presente, eu, Urbano, tendo, pela misericórdia de Deus a tiara pontifical, pontífice de toda a Terra, venho até vós, servidores de Deus, como mensageiro para desvendar-vos o mandato divino [...] é urgente levar com diligência aos nossos irmãos do Oriente a ajuda prometida e tão necessária no momento presente. Os turcos e os árabes atacaram e avançaram pelo território da Romània até a parte do Mediterrâneo chamada o Braço de São Jorge, e penetram mais a cada dia [...]. Se vós deixardes isto sem resistência, estenderão os seus exércitos ainda mais sobre os fiéis servidores de Deus.

Por isso eu vos apregoo e exorto, tanto aos pobres como aos ricos – e não eu, mas o Senhor vos apregoa e exorta – [...]. Eu falo aos que estão aqui presentes e o proclamo aos ausentes, mas é o Cristo quem convoca [...]

Se os que forem lá perderem a sua vida durante a viagem por terra ou por mar ou na batalha contra os pagãos, os seus pecados serão perdoados nessa hora; eu o determino pelo poder que Deus me concedeu [...]

Os que estão habituados a combater maldosamente, em guerra privada, contra os fiéis, lutem contra os infiéis, [...]. Os que até agora eram mercenários por negócios sórdidos, ganhem no presente as recompensas eternas. [...]

[...] No mesmo instante, todos os que o ouviam, sentiram-se imbuídos de um santo zelo por esta empresa, [...].

[...] Depois, recebeu do pontífice o mandato de que todos o obedecessem e o encarregou da direção da empresa. [...]

Que admirável e doce espetáculo para nós ver que, à ordem do papa, todas essas cruzes de seda, de ouro ou de pano, de qualquer classe que for, foram pregadas pelos peregrinos nas suas costas, nos seus mantos, nas suas túnicas ou vestes, uma vez que tinham feito o voto de partir.

Fonte: Foucher de Chartres, citado por Pedrero-Sánchez, 2000, p. 83-84.

Esse era o teor do documento firmado por Urbano II para encorajar os homens da Europa Central a largarem suas famílias e casas para partir em uma empreitada sem garantias de volta. A explicação para o grande número de fiéis que responderam à convocação do papa residia na possibilidade de terem seus pecados perdoados, bem como na busca pelo martírio – morrer como herói, isto é, ter uma morte honrosa. Outra motivação era a possibilidade de encontrar riqueza nessa viagem, já que a pilhagem para os vitoriosos era uma tradição desde o Império Romano; portanto, poderia ser extremamente lucrativo ir ao Oriente. "Alguns, como Boemundo (que acabou por se tornar governador de Antióquia), estavam tão interessados na conquista das terras como em chegar realmente a Jerusalém" (Wickham, 2019, p. 187). Vejamos outro trecho da convocação realizada por Urbano II:

> [I.1] Com a aproximação já do tempo que o Senhor Jesus [Cristo] anuncia a cada dia aos seus fiéis, especificamente quando diz no Evangelho: "Se alguém quer vir após mim, negue a si mesmo, tome a sua cruz e siga-me", ocorreu um forte movimento por todas as regiões das Gálias. Por conta disso, se alguém desejava seguir a Deus devotamente com coração e mente puros e queria carregar fielmente a cruz, seguindo-o, não tardava em tomar com grande rapidez o caminho do Santo Sepulcro. Com efeito, o pontífice da Sé Romana partiu o mais rápido possível para as regiões transalpinas acompanhado de seus arcebispos, bispos, abades e padres, e começou a proferir apurados sermões e pregações, dizendo que, se alguém tivesse a pretensão de salvar a própria alma, não deveria hesitar em tomar com humildade o caminho do Senhor e que, se lhe faltassem recursos financeiros, a misericórdia divina o proveria do necessário. Disse o soberano pontífice: "Irmãos, é preciso que vocês passem por muitas provações em nome de Cristo, isto é, desventuras, pobreza, falta de vestes, perseguições, penúrias, enfermidades, fome, sede e outras, conforme o Senhor disse a seus discípulos: 'É preciso que vocês passem por muitas provações em meu nome', e [ainda]: 'Não se envergonhem ao falar diante dos homens, porque Eu lhes darei a palavra e a eloquência', e também: 'Uma grande recompensa lhes sobrevirá'". Quando essas palavras começaram aos poucos a se espalhar por todas as regiões e domínios das Gálias, os francos, tão logo as ouviram, costuraram uma cruz em

seu ombro direito e disseram em uníssono que seguiriam os passos de Cristo, que os haviam resgatado das mãos do inferno. E de imediato as Gálias viram-se privadas de seus habitantes. (Livro I, 2020, p. 95-97)

No trecho citado, é possível perceber um apelo à purgação dos pecados dos cristãos. Assim, havia os cavaleiros que tinham a chance de se redimir pelos seus pecados e aqueles com dificuldades financeiras, que tinham a chance de obter lucro no Oriente. Além disso, vários reis foram à frente dos cruzados com o intuito de fortalecer o vínculo entre suserano e vassalo e de, é claro, garantir algum ganho no Oriente.

Importante!

Mesmo que muitos tenham embarcado nas Cruzadas motivados pela fé, em busca da redenção dos pecados e, até mesmo, pela reconquista da Terra Santa, uma das hipóteses levantadas é a de que as Cruzadas acabaram se resumindo, basicamente, a atos de pilhagem e saque. Isso porque muitos cavaleiros falidos embarcaram nessa empreitada em busca de riquezas e glórias. As riquezas orientais sempre foram amplamente proclamadas por meio de lendas e mitos, o que instigou essa ambição desmedida dos ocidentais.

Le Goff (2005, p. 66) reflete sobre esse teor devastador das Cruzadas e seus componentes:

Longe de abrandar os costumes, a violência da Guerra Santa tinha levado os cruzados aos piores excessos, desde os *pogroms* perpetrados em sua rota até os massacres e pilhagens (por exemplo, de Jerusalém em 1099 e de Constantinopla em 1204, que se pode ler tanto nas narrativas de cronistas cristãos quanto nas de muçulmanos ou de bizantinos); [...].

O autor completa essa reflexão da seguinte maneira: "Constata-se que o estabelecimento efêmero dos cruzados na Palestina foi o primeiro exemplo de colonialismo europeu, e que, nesta condição, ele fornece muitos ensinamentos ao historiador" (Le Goff, 2005, p. 66).

A análise de Le Goff (2005) permite repensar a real intenção dos cruzados ao partirem da Europa rumo ao Ocidente. O apelo feito pelo Papa Urbano II, chamando os homens ricos ou pobres a ajudarem seus irmãos cristãos contra os muçulmanos, não passava de pano de fundo para camuflar o real objetivo dessa luta, que era praticar saques, pilhagens e dar para os milhares de cavaleiros ociosos um objetivo. Isso fica bastante evidente no trecho que diz: "Jerusalém e Constantinopla saqueadas" – duas cidades com maioria cristã e não muçulmana. Com o passar do tempo, a Igreja reconheceu o erro dessa convocatória, que nada mais era do que uma tentativa de conter o ímpeto bélico dos europeus, que lutavam entre si e matavam uns aos outros por causa de terras ou riquezas. As Cruzadas eram o pretexto ideal para levá-los para bem longe da Europa Central e com poucas possibilidades de retorno.

> Quando, em 1095, o papa Urbano II acendeu o fogo da cruzada em Clermont e quando São Bernardo o reanimou em 1146 em Vézelay, ambos pensavam em transformar o estado de guerra crônico vigente no Ocidente numa causa justa, a luta contra os infiéis. Queriam purgar a Cristandade do escândalo e dos combates entre correligionários, dar ao ardor belicoso do mundo feudal uma finalidade louvável, indicar à Cristandade o grande propósito, o grande desígnio necessário para forjar a unidade do corpo e alma que lhe faltava. Certamente que, ao assumir a direção espiritual da Cruzada, a Igreja e o papado pensavam ter

> encontrado os meios de dominar esta *Respublica Christiana do Ocidente*, conquistadora mas turbulenta, dividida contra ela mesma, impotente para absorver sua própria vitalidade. (Le Goff, 2005, p. 66-67)

Uma das prováveis razões do fracasso das Cruzadas reside no fato de os homens ocidentais não estarem preparados para o que estava por vir. Eles encontraram dificuldades na viagem em geral; muitos, inclusive, morreram no caminho. Aqueles que alcançavam seu destino ainda se deparavam com novos hábitos e costumes, como a alimentação, que era diferente daquela com que estavam acostumados em suas casas. Entretanto, o maior desafio imposto aos ocidentais foi o enfrentamento incisivo com o exército muçulmano, extremamente numeroso e belicoso, que estava a lutar por sua religião. Uma das características do islamismo é a obediência sem limites ao que está escrito em seu livro sagrado. Lutar, para eles, estava muito além do contato físico; significava a oportunidade real de mostrar sua religião e continuar a *jihad*. Conquistar Constantinopla era um dos grandes desejos dos otomanos. As várias Cruzadas fracassadas e o saque da cidade, em 1204, pelos próprios cristãos gerou o enfraquecimento dos bizantinos, o que se acentuou nos séculos seguintes. Assim, Constantinopla foi gradativamente perdendo partes de seu império até que isso culminou em sua queda, em 1453.

As Cruzadas foram realizadas do século XI até meados do XIII. Apenas a primeira foi mais efetiva – as outras não lograram tanto êxito. As que tiveram maior repercussão foram as comandadas por reis cristãos, como a liderada por Ricardo Coração de Leão, rei da Inglaterra, que derrotou Saladino, sultão dos muçulmanos. A seguir, apresentamos as mensagens que ambos (Ricardo e Saladino) trocaram requerendo o direito à posse da Terra Santa (Jerusalém). Segue também o testemunho do cronista Bahaeddin.

De Ricardo a Saladino

"Os nossos e os vossos estão mortos", diz-lhe ele numa mensagem, "o país está em ruínas e o negócio nos escapou completamente, a nós todos. Não pensais que isto basta? No que nos concerne, há apenas três causas de discórdia: Jerusalém, a verdadeira cruz e o território.

No que diz respeito a Jerusalém, é nosso local de culto e jamais aceitaremos renunciar a ele, mesmo que tenhamos que combater até o fim. Quanto ao território, gostaríamos que nos fosse dado o que está a oeste do Jordão. Com relação à cruz, ela representa para vós apenas um pedaço de madeira, ao passo que para nós seu valor é inestimável. Que o sultão no-la dê, e que se ponha fim a esta luta extenuante."

De Saladino a Ricardo

"A Cidade Santa é tão importante para nós quanto para vós; ela é até mais importante para nós, pois foi em sua direção que nosso profeta realizou sua viagem noturna, e é ali que nossa comunidade irá reunir-se no dia do julgamento final. Está portanto excluída a possibilidade de a abandonarmos. Jamais os muçulmanos o admitiriam. No que diz respeito ao território, ele sempre foi nosso, e vossa ocupação é apenas passageira. Vós conseguistes nele vos instalar em razão da fraqueza dos muçulmanos que então o povoavam, mas enquanto houver guerra não vos permitiremos privar de vossas possessões. Quanto à cruz, ela representa um grande trunfo em nossas mãos, e não nos separaremos dela senão quando obtivermos em contrapartida uma concessão importante em favor do Islã."

Do cronista Bahaeddin

"Al-Adel [irmão de Saladino] me convocou", conta Bahaeddin, "para comunicar-me os resultados de seus últimos contatos. Segundo o acordo visado, Al-Adel esposaria a irmã do rei da Inglaterra. Esta fora casada com o mestre da Sicília, que estava morto. O inglês havia trazido a irmã com ele ao Oriente, e propunha casá-la com Al-Adel. O casal residiria em Jerusalém. O rei daria as terras que controla, de Acre até Ascalon, à irmã, que se tornaria rainha do litoral, do *sahel*. O rei cederia suas posses a seu irmão, que se tornaria rei do *sahel*. A cruz lhes seria confiada, e os prisioneiros dos dois campos seriam libertados. Depois, concluída a paz, o rei da Inglaterra retornaria a sua terra além dos mares."

"Apresentei-me, pois, diante do sultão e lhe repeti o que havia ouvido. Logo à primeira vista, ele me disse que não via nisso nenhum inconveniente, mas que, segundo a sua opinião, o próprio rei da Inglaterra jamais aceitaria um tal entendimento e que isso não passava de uma brincadeira ou de uma artimanha. Pedi-lhe por três vezes para confirmar sua aprovação, o que ele fez. Voltei, portanto, à casa de Al-Adel para anunciar-lhe o consentimento do sultão. Ele se apressou em enviar um mensageiro ao acampamento inimigo para transmitir sua resposta. Mas o maldito inglês lhe mandou dizer que sua irmã mostrara uma cólera terrível quando ele lhe havia feito a proposta: tinha jurado que jamais se entregaria a um muçulmano."

Fonte: Pedrero-Sánchez, 2000, p. 89-90.

Essa fonte medieval detalha o conflito entre Ricardo e Saladino. Vê-se, de um lado, tentativas de paz; do outro, ironia, com alternância entre ambos. Nas mensagens trocadas entre eles, percebe-se a intenção de Ricardo por um acordo de paz, e na resposta de Saladino, uma negativa a essa intenção. No relato de um terceiro, o cronista Bahaeddin, revela-se a ironia e o desdém de Ricardo com relação à intenção do irmão de Saladino. O conflito entre o rei e o sultão continuou até seu desfecho, com a Batalha de Arsuf (1191), que marcou o recuo muçulmano e o avanço cristão.

Ao longo da Idade Média, houve várias vitórias para os dois lados; no entanto, houve também um domínio muçulmano na Península Ibérica, o que perdurou até o século XV. O desfecho foi o fim da Guerra da Reconquista, em 1492, quando os reis Fernando e Isabel comandaram a vitória cristã contra os muçulmanos, marcando de maneira grandiosa esse episódio.

A reconquista da Península Ibérica não significava necessariamente a expulsão de todos os muçulmanos do local. Vários comerciantes árabes permaneceram com seus negócios mesmo após esse episódio. Esse domínio dos árabes pode ser percebido até os dias atuais na Espanha e em Portugal.

As derrotas sofridas por Saladino frearam as pretensões muçulmanas, mas não foram suficientes para que desistissem de alcançar seus objetivos. Foram notórios o ímpeto muçulmano e a força cruzada para conter tais avanços.

A vitória dos cruzados não foi, pois, definitiva; isso porque a dificuldade de manter fortificações em terras tão distantes continuava. Assim, com o passar do tempo, os cruzados perderam o domínio sobre as conquistas de Ricardo. A falta de um contato constante com as bases deixadas no Oriente e a distância para mandar os provimentos levou muitos cruzados a abandonarem seus postos na intenção de retornar para casa. Sem um exército efetivo para manter esses territórios, tornou-se mais fácil para os muçulmanos retomarem suas terras.

As Cruzadas podem ser consideradas uma série de lutas sem êxito, mas que rendeu o contato direto dos ocidentais com a cultura oriental, cujos elementos foram assimilados, em algum grau, em suas experiências no conflito. Há, inclusive, uma gama diversificada de relatos e testemunhos sobre esses eventos (Maalouf, 2001).

Para estudarmos as Cruzadas, Fernandes (2006, p. 106-107) indica algumas opções de fontes:

> A História dispõe de grande quantidade de relatos desses acontecimentos, documentos que chamamos de *fontes*. Com base em tais fontes, constatamos que os bizantinos, em especial os cronistas Nicetas Choniates e Anna Comneno, são bastante críticos em relação às Cruzadas, visto que essas constituem uma ameaça à soberania bizantina. As fontes latinas, ocidentais, compõem-se de autores franceses como Foucher de Chartres, Jacques de Vitry, Juan de Joinville e Geoffrey de Villehardouin ou germânicos como Otto de Freising ou o autor anônimo de Würsburg, que escrevem cartas e crônicas sobre os eventos na Terra Santa (infelizmente não podemos identificar datas precisas). Essas fontes, por sua vez, são

favoráveis às Cruzadas. Relatos promovidos por autores recém-chegados e pouco conhecedores da cultura e valores da região onde ocorrem as Cruzadas do Oriente, criam, quase sempre, uma visão distorcida dos acontecimentos. As canções de gesta, cantigas em forma de poema que lá se compõem, seguem o estilo provençal e o tema do cristão cativo em mãos muçulmanas lhes é muito caro. O caráter cruzadístico está presente no discurso de construção desses relatos que fixam o ideal do cavaleiro cristão, defensor da Cristandade.

Essas são basicamente as fontes de influência oriental, mas temos os cronistas árabes que apresentam relatos bem críticos sobre os eventos cruzadistas que ocorreram em seu território. E as teorias das razões das Cruzadas são várias, embora seja difícil determinar a causa exata que levou tantos homens, mulheres e crianças a saírem de suas casas em direção ao desconhecido. Podemos apenas supor, como mencionado, a busca por fortuna, por salvação ou redenção e, até mesmo, pela reconquista da Terra Santa.

Preste atenção!

A designação *papa* foi adotada pela primeira vez ainda durante o cristianismo primitivo, quando ser papa significava lutar constantemente contra os poderes impostos e as perseguições – este era o preço de uma religião que optava por um Deus uno.

Não se sabe ao certo se Pedro pode ou não ser considerado o primeiro papa. Alguns documentos antigos abordam essa questão, mas outros nem se referem a ela.

(3.3)
Papa Inocêncio III

Lotário de Segni nasceu em 1160, na cidade de Anagni, próxima a Roma. Segundo algumas fontes, sua origem é de família nobre germânica, descendente das principais famílias da aristocracia romana. Era filho do Conde Trasimund de Segni e sobrinho do Papa Clemente III. Iniciou seus estudos em Teologia e Direito Canônico em Roma, mas concluiu o curso de Teologia na Universidade de Paris e o de Direito em Bolonha, na Itália. Logo se destacou por sua dedicação aos estudos. Na universidade, era famoso pelo seu grande conhecimento em teoria moral e política. Após se formar, tornou-se um dos mais importantes teólogos e juristas de seu período.

Com a morte do Papa Alexandre III, em 1181, Lotário retornou a Roma e exerceu vários cargos eclesiásticos. Os papas que sucederam Alexandre III tiveram papados extremamente curtos: Lúcio III (1181-1185), Urbano III (1185-1187) e Gregório VIII (1187) – este último ordenou Lotário subdiácono. O Papa Clemente III (1187-1191), então, o ordenou cardeal-diácono de Saint George e, mais tarde, cardeal-pároco de Saint Pudentiana – por volta de 1190.

Com apenas 38 anos de idade, Lotário subiu ao trono papal como Inocêncio III, dedicando seu pontificado, que se estendeu de 1198 a 1216, a resolver questões em aberto, como a Reforma Gregoriana, o ataque à heresia e a Reforma Moral da Igreja. É considerado um dos mais importantes papas da história eclesiástica.

Reforma Gregoriana: o longo e complexo movimento de reformulação da Igreja promovido pelos pontífices romanos (do século XI ao XIII)

Desenvolvida a partir dos projetos de reforma secular e monástica, tornou-se independente e resultou no nascimento da Igreja Romana enquanto uma instituição jurídico-canônica, na qual a Cúria Papal exercia a direção. Os pontos principais desta reforma foram: a organização de toda a hierarquia clerical tendo na liderança o bispo de Roma; a luta contra a intervenção laica nas questões eclesiais; a moralização do clero; e a catolicalização da sociedade.

Fonte: Silva, 2000, p. 219.

A Reforma da Igreja foi um processo longo que exigiu a participação do alto clero no processo. Cabe lembrar que o cristianismo nem sempre foi a religião oficial do Império Romano. Antes do Édito de Milão (ver Anexo 4), assinado por Constantino, o culto cristão era perseguido e proibido: "O cristianismo continua a não ser autorizado e a ser localmente atacado. Mas sofre, além disso, ataques generalizados, julgando-se que a sua expansão em todas as partes da sociedade e da administração é prejudicial à unidade do Estado e à proteção dos deuses" (Baumgartner, 2001, p. 80). Essa ideia de que o cristianismo prejudicava o Estado Romano perpetuou-se em todo o império, fato que só mudou com o Édito de Milão. Esse documento elevou o cristianismo e a Igreja a um patamar superior, e foi apenas questão de tempo para que esta se tornasse uma instituição com poderes, conservando a primazia do poder espiritual.

Inicialmente, a Igreja e os papas se interessavam pela conversão e pela divulgação do cristianismo, ou seja, enfatizavam o aspecto espiritual. Entretanto, com o passar do tempo, os papas começaram a elaborar teorias que elevavam a Igreja a uma categoria acima da dos reis e imperadores. Com a desagregação do Império Romano do Ocidente, houve um momento de reorganização da Igreja, que passou a concentrar-se nos povos recém-chegados e em sua cristianização.

A fonte a seguir apresenta um relato da conversão dos visigodos ao cristianismo, exemplificando o crescimento dessa Igreja entre os povos recém-chegados. Estes estavam dispostos, um após o outro, a reconhecer um Deus único e a aceitar a Igreja como líder da cristandade nascente.

A conversão dos visigodos (580-587)

O Santo Sínodo dos bispos de toda a Espanha, Gália e Galiza, por ordem do príncipe Recaredo, reuniu-se na cidade de Toledo em número de setenta e dois bispos, no qual sínodo esteve presente o cristianíssimo rei Recaredo, mostrando aos bispos, escrita num livro de sua própria mão, a declaração da sua conversão e a profissão de fé de todos os bispos e do povo godo e tudo o que corresponde à fé ortodoxa; o santo sínodo dos bispos, tendo tomado consciência da declaração do tal livro, decidiu apoiá-lo canonicamente. Por outro lado, o desenvolvimento sinodal foi obra de São Leandro, bispo da Igreja Hispalense [...] O referido Recaredo, como já dissemos, assistiu ao santo concílio, repetindo em nossos tempos o que o antigo príncipe Constantino, o Grande, tinha feito no santo sínodo de Niceia [...] No presente sínodo toledano, a perfídia de Ario foi cortada de raiz, após prolongadas matanças de católicos e sofrimento de inocentes, a instâncias do príncipe Recaredo, de tal maneira que já não pululará mais por nenhum lugar onde se tenha dado às igrejas a paz católica.

Fonte: João de Biclara, citado por Pedrero-Sánchez, 2000, p. 45-46.

Ainda, antes da conversão dos visigodos, houve o batismo de Clóvis pelo Arcebispo de Reims, Remígio, que marcou a história da Igreja e conferiu-lhe poderes espirituais, garantindo a proteção dos reis francos. A Figura 3.2, a seguir, pode ser analisada como o despir-se de todo um arcabouço material para nascer em Cristo. Quem garantia essa possibilidade de nascer novamente ao Rei Clóvis era a Igreja, representada pelo Arcebispo de Reims.

Figura 3.2 – Batismo de Clóvis

Granger/Imageplus

MASTER of Saint Giles. **O batismo de Clóvis**. [15–?]. 1 óleo sobre tela: color.; 61,5 × 45,5 cm. Galeria Nacional de Arte, Washington D.C., Estados Unidos.

Todo o simbolismo desse ato pode ser percebido na Figura 3.2, na qual são retratadas várias testemunhas e um rei em estado de submissão ao assumir uma nova condição de cristianizado. Isso conferiu à Igreja, no século V, ares de representante de Deus na Terra, bem como de instituição responsável por batizar, cristianizar e, posteriormente, coroar reis e imperadores (conforme comentado no Capítulo 1, com a coroação de Carlos Magno). "Do século V ao VI, no Ocidente, assiste-se à integração na Igreja, por um lado, das grandes famílias que tinham permanecido ligadas às tradições do antigo império, por outro, dos chefes com os seus soldados, quer sejam arianos ou pagãos; os campos são pouco a pouco cristianizados" (Baumgartner, 2001, p. 111).

Assim, a Igreja e, consequentemente, o papa ganharam poderes, os quais foram reforçados e ampliados por uma série de documentos oficiais; eram vários tratados, encíclicas, bulas, constituições, entre outros escritos formulados pelos homens da Igreja, em que invariavelmente se dava um caráter divino ao papa. Um exemplo é a *Potestas Papal*, firmada por Gregório VII (1073-1085) na *Dictatus Papae.*

O papa que alcançou o auge nessa época foi Inocêncio III, intitulado Vigário de Cristo. Ele tentou colocar em prática a teoria de que o poder espiritual seria superior ao poder temporal, questão amplamente citada na *Dictatus Papae,* além de ter sido anteriormente posta em evidência pelo Papa Gelásio I (492-496), com sua teoria dos dois gládios, ou seja, dois poderes: espiritual e temporal, sendo o primeiro superior ao segundo.

> No período do governo de Inocêncio III, esse movimento de reforma ganha um caráter particular dentro do seu contexto histórico, mas não deixa de contemplar todos esses itens. Para uma bula de convocação do IV Concílio de Latrão, elaborada em 1213, a propósito da reformationem universalis Ecclesiae, essa noção de reforma está completamente coadunada com as propostas implementadas por Roma no período. (Lima, 2006, p. 72)

De acordo com Lima (2006), o IV Concílio de Latrão, um dos mais importantes da história e convocado por Inocêncio III, conferiu os moldes para a institucionalização da Igreja e de seus parâmetros. As medidas estabelecidas foram decisivas para os caminhos da Igreja, pois nesse concílio foram discutidas questões como dogma, moral e disciplina. Segundo Le Goff (2013), o "Cânone 21" determinou a obrigatoriedade do sacramento da confissão e mostrou a falta de instrução do clero para conduzir o fiel nesse rito.

> O primeiro é o cânone 21 do IV Concílio de Latrão, de 1215, que torna obrigatório para todos os cristãos – isto é, praticamente todos os ocidentais –, a confissão anual. Daí em diante, todos os confessores são regularmente cercados de perguntas, entre as quais muitas são embaraçosas: 1º) porque muitos têm uma instrução insuficiente e são ignorantes de todos os desenvolvimentos recentes do direito canônico, notadamente a partir do **Decreto** de Graciano; 2º) porque a maioria, formada em um ambiente e estado de espírito tradicionais, é incapaz de resolver (até mesmo compreender, muitas vezes) os problemas que lhes são submetidos por seus penitentes e, particularmente, os problemas postos pelos **casos de consciência** (termo novo e revelador: os manuais de confessores o chamarão quase sempre de *De casibus conscientiae*), surgidos da atividade profissional: [...]? (Le Goff, 2013, p. 222, grifo do original)

O IV Concílio de Latrão foi uma das realizações mais importantes do papado de Inocêncio III[3], que também acabou sendo o responsável pela aprovação oral da Regra de Vida dos Franciscanos, um dos movimentos mendicantes mais importantes da Idade Média. "O século XIII das cidades, dos mercadores, das universidades, das literaturas vernáculas sofreu também a ação, de duração europeia muito longa, de religiosos de um tipo novo: as ordens mendicantes, sendo que

---

3 *"O Papa Inocêncio III, que começou seu governo em 1198, tendo apenas 38 anos de idade, considerado como o Papa que elevou ao auge o poder papal, melhor que seus antecessores vislumbrou também os aspectos sadios dos movimentos religiosos da época e acolheu no seio da Igreja vários líderes e seus seguidores, como Durando de Huesca, que fora Valdense, Bernardo Prim, pregador itinerante, e deu autorização oral a Francisco de Assis e companheiros leigos para pregarem a penitência" (Moreira, 1996, p. 42).*

os principais foram os Pregadores ou Dominicanos e os Menores ou Franciscanos" (Le Goff, 2010, p. 198).

O papa Inocêncio III também foi o responsável pela convocação da IV Cruzada, que ficou marcada de forma negativa na história. Depois da tomada e da pilhagem de Constantinopla pelos venezianos e cavaleiros francos, em 1204, a cólera e o ódio da população bizantina recaíram durante muito tempo sobre os cruzados, impedindo toda relação eclesial e aproximação teológica possíveis.

Importante!

Em 1054, a Igreja foi dividida em duas partes, em um movimento que ficou conhecido como ***Cisma do Oriente***: no Ocidente, a Igreja Católica Apostólica Romana; no Oriente, a Igreja Católica Apostólica Ortodoxa. Tal separação ocorreu por vários fatores: a animosidade entre o papa de Roma e o patriarca de Constantinopla; o caráter sagrado do imperador bizantino, que praticava o cesaropapismo[4] e não se subordinava ao papa de Roma; e a discordância referente à figura do papa, pois, para os bizantinos, o patriarca de Constantinopla era o líder da Igreja em Bizâncio[5].

As Cruzadas serviram apenas para agravar ainda mais essa separação, que dura até os dias atuais. O saque da cidade cristã no Oriente e a pilhagem realizada pelos cruzados tornou o movimento cruzadista bem impopular entre os orientais.

---

4 Cesaropapismo *é o sistema em que a autoridade acumula as funções imperiais e pontificais. No caso referido, o imperador bizantino era o chefe de Estado e da Igreja.*

5 Bizâncio *foi o nome dado à Constantinopla antes de se tornar sede do Império Romano no Oriente.*

Inocêncio III foi um dos grandes papas doutores da história, cujo legado ainda pode ser visto na aprovação das ordens mendicantes, bem como na oficialização da doutrina de transubstanciação na eucaristia. Além disso, ele contribuiu com vários documentos e tratados escritos de próprio punho que enriqueceram ainda mais a história da Igreja, como as cartas que receberam o título de *Políticas papais*, as quais tinham o objetivo de garantir o poder papal e diminuir o poder dos imperadores. São essas fontes eclesiásticas, aliás, que tornam possível desvendar o passado.

O próprio Inocêncio III foi um dos grandes incentivadores da educação para os clérigos, que, em sua maioria, eram iletrados ou tinham conhecimento irrisório. O IV Concílio de Latrão significou a prova real das intenções de Inocêncio III, conforme o "Cânone 21", bem analisado por Le Goff (2013).

> O papado idealizou a atuação dos tribunais eclesiásticos em dois aspectos: desejava-se claramente a separação entre a justiça eclesiástica e a justiça laica; e afirmava-se a perspectiva de que o tribunal pontifício era uma instância de último recurso para resolução de litígios insolúveis nas cortes eclesiásticas locais. Especialmente a partir do século 12, as autoridades pontifícias esforçaram-se para distinguir o papel dos tribunais eclesiásticos da atuação das cortes seculares. Em grande medida, como apontamos anteriormente, a propósito da definição da noção de reforma, esse empreendimento estava em consonância com a busca pela liberdade da Igreja frente à influência laica. O cânone 14 do III Concílio de Latrão, em 1179, havia proibido as autoridades laicas de obrigarem os clérigos a comparecer em seus tribunais sob pena de serem "excluídos da comunidade de fiéis" [...]. (Foreville, 1972, p. 244, citado por Lima, 2006, p. 75)

O IV Concílio de Latrão se tornou um dos mais importantes da história eclesiástica porque é possível verificar em seus cânones a tentativa de institucionalizar e sistematizar o que era da tutela dos clérigos e o que cabia aos leigos. Segundo Wickham (2016, p. 217-218):

> Por contraste, o Quarto Concílio de Latrão, o maior concílio da Igreja Medieval, realizado em Roma um século mais tarde, em novembro de 1215, foi convocado pelo papa Inocêncio III, em abril de 1213, e contou com a participação de um grande número de bispos e abades, mais de 1200 membros do clero superior de toda a Europa e até do Leste. Os cânones (decretos) do concílio abrangiam todos os ângulos da prática da Igreja, existentes na altura, incluindo eleições, o funcionamento dos tribunais eclesiásticos, a excomunhão, o ordálio (o concílio proibiu-o), a heresia, as atitudes em relação aos judeus, as cruzadas, e – não menos importante – o desenvolvimento da assistência pastoral e da pregação. Os decretos foram disponibilizados subsequente e sistematicamente em toda a Europa latina, através da divulgação do texto do concílio e com a esperança (em parte concretizada) de que os bispos iriam instruir os seus próprios párocos sobre seu conteúdo.

Na Figura 3.3, é retratado o Papa Inocêncio III[6], um homem extremamente culto – era, enfim, um profundo conhecedor da história eclesiástica. É válido ainda reforçar a importância dada pelo Papa

6 *"Um jovem cardeal de 37 anos, bom canonista, filho da nobreza da campanha romana, se tornaria o papa mais famoso da Idade Média: Inocêncio III (1198-1216). Uma série de circunstâncias o ajudaram a ficar árbitro dos destinos de Alemanha, Itália e Inglaterra. Foi também senhor feudal de metade da Europa. Não escapou de algum fracasso, como a IV Cruzada, que acabou atacando Bizâncio e seu império cristão em lugar de libertar a Terra Santa. Acima dos sucessos políticos, Inocêncio desenvolveu enormemente a vida interna da Igreja. Combateu as heresias. Reformou ordens religiosas. Apoiou Francisco de Assis. Convocou o IV Concílio de Latrão (1215), que estabeleceu a obrigação da confissão anual e da comunhão da Páscoa. A admiração dos contemporâneos está bem expressa no apelido que lhe deram:* lux mundi, *a luz do mundo" (Antoniazzi; Matos, 1996, p. 54).*

Inocêncio III à educação nas escolas clericais, bem como o incentivo aos monastérios e à formação dos clérigos. A escrita e a leitura no período medieval, como mencionamos, eram para poucos – haja vista que a maior parte da população era iletrada. O fiel aprendia sobre a vida de Cristo e dos apóstolos pela iconografia encontrada no interior das igrejas – pela representação da história cristã constante nos afrescos e pelas pinturas e esculturas que moldavam o imaginário cristão.

Figura 3.3 – Inocêncio III

Granger/Imageplus

A Igreja e os papas detinham o saber e transmitiam esse conhecimento de maneira a perpetuar as três ordens sociais, conforme já mencionamos. O medo de ser condenado a um pós-morte de dor e danação levava os cristãos a uma obediência quase que incontestável. Claro que toda a regra tem exceções: encontramos relatos de grupos que se rebelaram e acabaram sendo considerados heréticos, mesmo apresentando características muito similares às chamadas *ordens mendicantes*.

(3.4)
As ordens mendicantes

A partir do século XIII surgiram as primeiras ordens mendicantes: dominicanos e franciscanos. A Europa Central vivia um fervoroso movimento de retorno a um cristianismo mais próximo do primitivo, ao passo que a Igreja não apresentava mais características desse cristianismo. Nesse contexto, a grande questão que vinha à tona era: Onde está Jesus Cristo nessa cristandade que ostenta e demonstra, em atos e ações, um distanciamento constante de suas bases? Assim, os movimentos conhecidos como *heréticos* ganharam força, muitos notoriamente similares entre si, diferenciando-se essencialmente no quesito obediência. Segundo o historiador Nachman Falbel (1977, p. 16):

> As primeiras heresias distinguem-se das que ocorreram nos séculos XII e XIII pelo seu caráter puramente filosófico e teológico que fazia especulação racional em torno dos princípios ou dogmas cristãos, em geral planos do pensamento que tratavam da Trindade, da natureza divina e humana de Cristo e da própria relação existente entre ambas, bem como de questões ligadas à essência da divindade. Porém, o que caracteriza as heresias posteriores, isto é, as da Baixa Idade Média, é o seu cunho popular assentado sobre uma nova visão ética da instituição eclesiástica e do cristianismo como religião vigente na sociedade ocidental.

Aceitar e se submeter à Igreja e a sua hierarquia institucionalizada determinava quem seria aceito de quem não seria. As heresias foram duramente perseguidas pela cristandade e condenadas pela Igreja, tanto por encíclicas quanto por cânones.

Nesta seção, trataremos da formação de dois movimentos mendicantes: um iniciado por Domingos de Gusmão (1170-1221) e outro por Francisco de Assis (ca. 1182-1226). As ordens mendicantes fundadas em meados do século XIII apresentavam um caráter de pregação itinerante, não ficando restritas ao universo de conventos e mosteiros. Com isso, algumas mudanças tiveram de ocorrer na instância eclesiástica. O IV Concílio de Latrão, presidido por Inocêncio III, fez reformulações importantes nesse quesito. Os cânones do concílio regulavam a heresia e as condenações. Sua realização possibilitou o reconhecimento oficial de movimentos como o franciscano e o dominicano, cujas pregações eram um embate aos heréticos. Os dominicanos também eram chamados de *frades pregadores* – suas pregações contra grupos heréticos ocorriam nos centros urbanos, onde a heresia proliferava. Já os franciscanos tinham um caráter de evangelização mais latente.

No IV Concílio de Latrão, o Papa Inocêncio III instituiu cânones reconhecendo a legitimidade dos movimentos franciscano e dominicano e condenou outros movimentos como heréticos, como os cátaros, os valdenses (movimento de Pedro Valdo, crítico das práticas da simonia na Igreja) e os albigenses. Os cátaros eram muitos semelhantes aos franciscanos, mas realizavam certas práticas que iam de encontro aos dogmas da Igreja. De acordo com Falbel (1976, p. 44):

> Com a fundação da Ordem Dominicana, no século XIII, criaram-se elementos dotados para a perseguição, julgamento e conversão dos heréticos. Por outro lado, a fundação da Ordem Franciscana ameaçava os cátaros

sob outro aspecto, pois São Francisco pregava às mesmas classes em que se apoiavam os cátaros. Sua mensagem, porém, era de alegria, e afirmava que o mundo era de Deus, e era bom. É melhor acreditar que os cátaros malograram no que se refere a sua doutrina e apelo do que devido às fogueiras da Inquisição; sabe-se que o catarismo desapareceu na França e na Itália ao mesmo tempo, embora a perseguição fosse maior na França.

Os movimentos heréticos se opunham severamente à ostentação e à luxuria do clero.

Os movimentos mendicantes surgidos no século XIII davam à Igreja a possibilidade de mostrar para o fiel que estava aberta a mudanças e ao acolhimento dos pobres. Francisco de Assis é um claro exemplo disso: seu amor ao próximo, principalmente aos excluídos, pobres e leprosos, demonstrava uma mudança no interior da Igreja. Inocêncio III logo percebeu o potencial desses novos movimentos e tratou logo de acolhê-los para evitar acusações de heresia. O IV Concílio de Latrão se tornou a oportunidade perfeita para publicamente realizar a institucionalização das ordens mendicantes.

A **Ordem Dominicana**, ou **Ordem dos Pregadores**, fundada por Domingos de Gusmão oficialmente em 1216, tinha como principal ofício a perseguição aos heréticos e a pregação nos grandes centros urbanos. Era uma ordem em que os estudos significam domínio de argumentação para os embates contra os heréticos, mesmo que esses estudos com o tempo levassem a um afastamento da humildade primitiva cristã. Os dominicanos pregavam com erudição e domínio da liturgia.[7] Com a institucionalização da ordem, cada vez mais os dominicanos se tornaram o braço forte da Igreja contra as heresias. No

7 *Os embates na Idade Média eram verdadeiros espetáculos para os leigos: ver os homens da Igreja derrubando com argumentações os heréticos levava os populares ao êxtase religioso.*

século XIII, foi escrito o manual do inquisidor por um frade dominicano, que se tornou um dos principais representantes da Inquisição.

A **Ordem Franciscana**, ou **Ordem dos Frades Menores**, fundada por Francisco de Assis em 1209, tinha um caráter mais de ajuda ao próximo e evangelização nas cidades. Seu fundador não via com bons olhos os estudos, diferentemente dos dominicanos. Isso porque, para Francisco, os estudos levavam à soberba e ao afastamento da pobreza de Cristo. Não acreditava que inserir seus frades nas universidades iria beneficiar a ordem. Francisco era um homem simples, de fala forte, mas acolhedora, e que via em qualquer ser vivo um irmão, uma criatura do Criador (Celano, *Vita Prima*). O reconhecimento oficial da ordem veio em 1221 com a aprovação oral da Regra de Vida franciscana pelo Papa Inocêncio III. Em 1223, houve a aprovação definitiva (*Regula Bulata*), embora já distante do que inicialmente Francisco almejava, a fim de atender às normas e à conduta da Igreja. A evangelização era a base da ordem[8], e os estudos, com o tempo, foram implementados, tornando seu crescimento inevitável. Os documentos que temos para estudar os Frades Menores e os primórdios da Ordem são inúmeros e fornecem uma visão interessante sobre a proposta da Ordem e de seu fundador (Francisco deixou 28 documentos escritos por ele).

(3.5)
O Pré-Renascimento

A influência da religião sobre o homem medieval gerou reflexos também em outros setores da sociedade. A arte é um deles, tendo em

8 *Francisco, fundador da ordem, pregava em cidades, vilas e aldeias. Evangelizar era sua missão.*

vista a transformação que sofreu com a influência religiosa da Igreja. A chamada *arte sacra* predominava em quase tudo que era produzido na medievalidade. Até meados do século X, a arquitetura privilegiava o românico, mas sofreu uma transformação ao entrar em um padrão de estilo gótico.

O românico partia de construções mais sóbrias, simples e com poucas entradas de luz, que passavam a ideia de austeridade e simplicidade. Estava de acordo com os padrões de um cristianismo primitivo, pautado na humildade. As construções eram verdadeiras fortificações e serviam de refúgio para cristãos por apresentarem paredes grossas. Os fiéis, ao adentrarem esses locais, tinham a impressão de estarem protegidos dos infiéis que, porventura, viessem a atacá-los. Segundo Jonathan Hill (2008, p. 203), em sua obra *História do cristianismo,*

> Os construtores encontraram novas maneiras de criar estruturas cada vez mais ambiciosas e colocá-las a serviço da Igreja. No século XII, as maiores igrejas – como a Igreja da Abadia de Cluny – foram construídas em estilo românico, um desenvolvimento do estilo "basílica" dos edifícios eclesiásticos do século IV. [...] Em uma representação em pedra da unidade do mundo e de todas as coisas, e essas igrejas eram muito maiores e mais audaciosas que aquelas que tinham sido construídas anteriormente. Paredes maciças e pilares elevavam os olhos ao céu.

Levar o fiel a uma experiência de aproximação de Deus era comum na Antiguidade e na Idade Média, em que muitos fiéis eram analfabetos e totalmente ignorantes com relação aos preceitos católicos. Mostrar austeridade e poder "divino" por meio dessas construções era uma das táticas usadas pela Igreja para demonstrar poder aos fiéis. O medo de uma punição divina povoava o imaginário feudal.

As igrejas românicas seguiam um padrão de construção semelhante ao das basílicas: formavam na planta uma cruz. Mesmo com as inovações do românico para o gótico, o formato de cruz na planta se manteve. As representações em torno dessas construções eram muitas. Um exemplo de representação era o mundo ideal com ornamentação em alto-relevo nas paredes e as pinturas (afrescos) com pássaros, nuvens, estrelas e, até mesmo, Cristo – geralmente sentado para dar a impressão de que a Igreja estava integrada com o divino. Tudo isso causava no expectador a impressão de que estava sendo observado. Além disso, o não cumprimento das determinações dessa Igreja poderiam gerar a fúria desse Cristo. Em síntese, a intenção primária das construções românicas era fornecer um lugar de refúgio aos fiéis, tornando-se, com o passar do tempo, um lugar de doutrinação na fé cristã.

Com as adaptações estruturais e a busca por construções maiores, veio o estilo gótico, o qual predominou na sociedade feudal. Esse estilo gerou uma verdadeira febre de basílicas e catedrais cada vez mais altas e luxuosas, com predomínio de vitrais e obras de artistas renomados. Diferentemente das construções românicas, que prezavam pela solidez e humildade, as construções góticas eram verdadeiras obras da engenharia – algumas levavam décadas para ficarem prontas.

Le Goff (2011, p. 41), em *Heróis e maravilhas da Idade Média*, indica que os "monumentos 'maravilhosos' da Idade Média que deixaram uma imagem mítica no imaginário europeu são essencialmente a catedral e o castelo medieval". O autor ressalta a importância dessas construções para a formação do que conhecemos como *medievalidade*.

Alguns aspectos dessas edificações determinavam a riqueza e o prestígio de cidades e de seus senhores; assim, o observador reconhecia nelas o poder e a presença da Igreja. Segundo Le Goff (2011, p. 45):

> A passagem do estilo românico para o gótico, em especial, fez-se sob o impulso de uma mudança de gosto. Ora, o gótico abria às catedrais a possibilidade de incorporar melhor as características originais que foram

suas desde o século IV. Triunfo da altura, triunfo também da luz, valorizando os grandes espaços internos, e expansão das torres e campanários, evidenciando o primado do plano superior sobre o inferior, visto que o ímpeto da elevação caracterizava a espiritualidade medieval – o gótico trouxe tudo isso às catedrais.

As catedrais tinham um simbolismo ligado à sua concepção como um prolongamento do divino na Terra. O altar desses locais, destinado ao clero, era mais elevado que o lugar destinado aos outros que participavam do culto.

O encontro do gótico e da catedral deu-se também sob a influência de fenômenos históricos cujo impacto dura até hoje. O primeiro foi a revalorização da função episcopal com a Reforma Gregoriana, que, na segunda metade do século XII, afasta a Igreja da influência do feudalismo laico. O segundo é a ampliação do papel do rei na construção das catedrais. Construir uma catedral dependia de uma autorização real. Os reis exerceram essa prerrogativa de forma mais rígida em função da atenção que desde o final do século XII eles dedicavam à construção do chamado Estado Moderno. Assim, as catedrais associaram-se aos Estados e às nações em gestação. Antes monumento de uma cidade, a catedral tornou-se monumento de um Estado. O gótico também reforçou o aspecto racional da estrutura das catedrais. O grande historiador da arte americano Erwin Panofsky enfatiza o paralelismo entre o gótico das catedrais e o pensamento escolástico. As catedrais permanecem ainda hoje expressões supremas de uma das características da mentalidade europeia, a combinação da fé e da razão. (Le Goff, 2011, p. 46-47)

As catedrais góticas acabaram se tornando um símbolo de identidade das cidades ao seu santo de devoção, uma louvação ao nome da cidade.

Na pintura, desde a queda de Roma até meados do século XIV, predominou um estilo que era conhecido como *bizantino*. Um dos grandes nomes desse estilo de pintura era Cenni di Petro (Giovanni) Cimabue (1240-1302), pinturas sem expressividade, sem proporcionalidade, especificamente de cunho religioso, mas que constituem um marco na evolução da arte de pintar paisagens e figuras humanas. Na cidade medieval eram comuns as oficinas, em que tínhamos um mestre e seus discípulos que estavam lá por vontade própria ou imposição familiar. Cimabue tinha um estúdio de pintura em que realizava o treinamento de novos discípulos, os quais, mais tarde, poderiam se tornar mestres. Claro que nem todos tinham talento, mas um deles adquiriu sucesso e rompeu com o estilo de seu mestre.

Giotto di Bondone (1266-1337) foi um dos discípulos de Cimabue e, entre os especialistas em arte sacra, é considerado um dos precursores do Renascimento – período que muitos convencionam chamar de *Pré-Renascimento*. Uma de suas pinturas mais famosas foi realizada para a família Scrovegni. A ideia inicial era que não fosse aberta ao público, mas, depois de pronta, tornou-se um dos mais importantes pontos de peregrinação em Pádua. A inovação de Giotto em relação aos seus antecessores consiste no realismo das figuras representadas: não são todas iguais, são imóveis e não apresentam expressividade. Ele também trocou o tradicional fundo dourado por uma mescla de azul. Além disso, inovou ao representar a crucificação de Cristo, dando dramatização à cena. Essas são algumas das razões que inserem Giotto como um pré-renascentista.

Na capela Scrovegni, Giotto ficou responsável pelos afrescos das paredes e do teto. Para Carrà (1949, citado por Melo, 2021, p. 46):

> De cada latitude do globo, gente de civilizações diversas exaltou essa igrejinha de Pádua como um dos mais célebres monumentos da arte

mundial. Enrico Scrovegni mandou construí-la em 1300 em expiação dos pecados do pai Reginaldo, figurado por Dante como usurário na sétima fossa do Inferno; e Giotto foi chamado para decorá-la. O pintor iniciou os trabalhos na primavera de 1304, conduzindo-os com diligente atividade, de modo que, se não concluídos, estavam em estágio quase final em 25 de março do ano seguinte, época em que a capela foi solenemente consagrada.

Com esses trabalhos de relevância histórica, Giotto inseriu seu nome entre os grandes pintores de seu tempo. Outras obras de grande relevância histórica são os afrescos feitos por ele no teto da Basílica Patriarcal de São Francisco de Assis. A sequência de pinturas da vida de Francisco de Assis povoou por muitos séculos o imaginário dos frades menores sobre seu fundador e seus atos. Com esses trabalhos, Giotto se tornou requisitado para outros trabalhos.

Figura 3.4 – Afrescos de Giotto no interior da Basílica de São Francisco de Assis

Giulio Benzin/Shutterstock

Ter obras de autores renomados em capelas familiares ou, até mesmo, em residências conferia *status* a quem as patrocinava. As construções de catedrais e basílicas davam à cidade importância e reconhecimento sob as demais. Assim, a medievalidade nos revela uma proliferação de cultura e crescimento.

(3.6)
Papas *versus* imperadores

Indicamos anteriormente que a disputa entre os papas e os imperadores (reis) começou no século V, quando o primeiro papa questionou o poder real e falou do poder papal como uma categoria superior. Gelásio I, cujo pontificado se estendeu de 492 a 496, propôs a **teoria dos dois gládios**, afirmando haver um poder espiritual (dos papas) e um poder temporal (dos reis, imperadores), estando o poder espiritual acima do temporal.

> Aos poucos nasce a convicção de que o poder espiritual (papa) está acima do poder temporal (imperador), como mostra o seguinte trecho da carta do papa Gelásio (492-496) ao imperador Atanásio, de Bizâncio: "Tu sabes bem, clementíssimo filho, que embora tua dignidade te coloque acima do gênero humano, o teu dever religioso te obriga a inclinar a testa diante daqueles que são encarregados das coisas divinas". (Antoniazzi; Matos, 1996, p. 64)

Os reis da época contestaram essa ideia com formulações de oposição, como construções pictóricas de reis heróis e de lendas em torno do poder imperial. Carlos Magno, nos séculos VIII e IX, teve uma construção mitológica de coroação e, posteriormente, sua biografia, produzida por Eginhardo[9], reafirmaria essa superioridade imperial.

> Pela primeira vez desde o final do século V no Ocidente, Carlos Magno recebeu a coroa imperial em Roma das mãos do Papa Leão III no Natal do ano 800, na Basílica de São Pedro, e não na igreja catedral dos papas bispos de Roma, a de São João do Latrão. Assim, institui-se uma situação que deturpou a imagem de Carlos Magno durante toda a Idade Média. Assim como Artur, Carlos Magno é fundamentalmente um rei, o rei dos francos, mas o fato de essa titulação imperial ser acompanhada pelo rito especial do coroamento em Roma fez dele uma personagem de exceção, tentado a afirmar sua superioridade com relação aos outros reis cristãos através do prestígio do retorno à Antiguidade e ao Império Romano. (Le Goff, 2011, p. 59)

A chamada *Reforma Gregoriana* teve a intenção de opor o poder espiritual ao temporal, pois os papas teriam a primazia sobre os imperadores, e estes estariam subordinados aos papas.

> Assim, Gregório colocou o papado em rota de colisão com os príncipes seculares. Escolheu como cavalo de batalha a questão da "investidura pelos leigos" – cerimônia em que um nobre leigo dava ao bispo suas insígnias (entre as quais as vestes, donde "investidura"). Gregório afirmava que só o papa podia nomear bispos. (Dowley, 2009, p. 52)

Essa questão perdurou por vários séculos, até que ocorreu o enfraquecimento tanto da Igreja quanto da nobreza. Gregório VII, ao

---

9 *Eginhardo foi um nobre franco responsável por fazer a biografia de Carlos Magno após sua morte. A obra* Vita Caroli Magni, *disponível em parte no Anexo 1, foi baseada em* A vida dos doze Césares, *de Suetônio. Tais obras deram origem a um ideal de imperador mítico e eterno.*

decretar o *Dictatus Papae*, em 1075, pôs em xeque uma questão iniciada no século V: Qual poder estaria subordinado ao outro?

As construções literárias e teológicas tinham a função de defender ambos os lados, mas, na verdade, não é possível afirmar se alguma delas prevaleceu. O que fica evidente nas diversas fontes sobre a questão é que o papa e o império, gradativamente, assumiram cada qual seu lugar ao longo da história, mas, ao mesmo tempo, é notório que, de maneira sutil, tentaram suprimir um ao outro.

Ao longo da história, vários papas foram assassinados, como Leão V, João X e Estevão VIII, conforme elucida Dowley (2009). Muitos papas subiram ao trono sem ter nenhuma vocação ou experiência eclesiástica administrativa – tornaram-se papas apenas por influência familiar. "Tampouco importavam-se os aristocratas romanos com a dignidade da função papal: João XII [...] só tinha dezoito anos quando sua família obteve para ele o papado. Ou seja, no século X a instituição papal vivia uma fase de decadência" (Dowley, 2009, p. 51).

Gregório VII foi o responsável por iniciar a Querela das Investiduras entre os poderes temporal e espiritual. No *Dictatus Papae*, expunha suas pretensões relativas à função papal: "A Igreja romana nunca errou e nunca errará até o fim dos tempos... O papa não pode ser julgado por ninguém"; "Reclamava para si, portanto, não somente a suprema autoridade espiritual, mas também o sumo poder temporal, inclusive o poder de depor o imperador!" (Dowley, 2009, p. 52).

O ato de investidura não favorecia somente quem o recebia, mas principalmente quem o concedia. Ao investir em membros do clero, as autoridades laicas tinham mais clérigos administrando as igrejas de suas regiões, possuíam vassalos. Assim, a segunda intenção de Nicolau II, no decreto de 1059, não foi atingida: os líderes laicos dificilmente abririam mão dessa prerrogativa, que era uma condição de *status* no sistema feudal.

Vejamos um trecho da *Patrologia Latina* (2022) sobre essa questão dos dois poderes:

> 2. Só ele [o Papa] pode depor ou absolver os bispos; [...] 4. Que um enviado seu, em um concílio, está acima de todos os bispos, mesmo que seu grau de ordenação seja inferior, e pode pronunciar, contra eles, sentença de deposição; [...] 7. Só ele pode, conforme a oportunidade, estabelecer novas leis, reunir novas congregações, transformar um canonitato em abadia, dividir um bispado rico e unir bispados pobres; 8. Que só ele pode usar as insígnias imperiais; [...] 12. Que lhe é permitido depor imperadores; 13. A ele é permitido transferir bispos de uma sede para outra, conforme a necessidade; 14. Ele tem o direito de mandar um clérigo de qualquer igreja para onde ele quiser; [...] 18. Ninguém pode mudar sua sentença e somente ele pode revogar a de todos; [...] 21. Que as coisas de maior importância de todas as igrejas devem ser postas diante dele; [...] 26. Quem não está com a Igreja romana não deve ser considerado católico; 27. O papa pode liberar os súditos de juramento de fidelidade feita aos iníquos.

Inocêncio III continuou a reforma no IV Concílio de Latrão, em 1215, em que foram feitas várias imposições aos reis. Seu papado ficou marcado por uma verdadeira "monarquia papal", na qual utilizou-se a excomunhão como uma forma de submeter os reis e os príncipes. Aos poucos, a Igreja foi se impondo na sociedade como uma instância decisiva para as questões que envolviam tanto o poder temporal quanto o espiritual.

> Ao lado disso, o papado via-se como última instância de recurso judicial. Geralmente, os casos espinhosos ecoavam nos tribunais pontifícios quando no nível local não era possível sua resolução. No fundo, isso denotava dois aspectos: em primeiro lugar, havia uma relativa inclinação

em reconhecer o governo papal como esfera competente para auxiliar nos problemas jurídicos locais; e em segundo lugar, gradativamente, percebeu-se que a jurisdição pontifícia poderia servir de instância de apelação para situações que dificilmente seriam sanadas nas cortes eclesiásticas locais, dada as disputas políticas, os problemas pessoais entre os juízes e os acusados etc.

Dessa maneira, no início do século 13, estava relativamente estabelecida a ideia de que o papado era uma espécie de árbitro no mundo. Não demorou muito para que os acusados percebessem as vantagens resultantes da apelação à Roma a fim de escaparem dos juízes locais. Foi exatamente por isso que uma decretal de 1202, endereçada ao bispo de Verona, limitou os recursos ao tribunal pontifício para crimes publicamente conhecidos, ou melhor, para delitos que não precisassem de nenhuma investigação de instâncias superiores [...]. (Lima, 2006, p. 76-77)

Bonifácio VIII, cujo pontificado foi de 1294 a 1303, foi outro papa que teve querelas com o rei – no caso, o Rei Filipe, o Belo (1268-1314), da França (ver Anexo 5). Sua Bula, *Unam Sanctam*, disponível no Anexo 6, é outra prova da tentativa dos papas de estabelecerem uma *Potestas Papal*. A leitura dessa fonte permite entender um pouco melhor essas disputas entre papas e reis.

Com uma arrogância só vista nos imperadores romanos, o Rei Filipe, motivado pelas novas teorias elaboradas pela Igreja, prendeu o papa e o humilhou; depois, elegeu um papa francês, Clemente V, que se manteve no poder de 1305 a 1314. Foi assim que o rei criou em Avignon um novo Estado papal, conhecido como *Exílio de Avignon*.

O que acontecia na Europa entre os séculos XII e XIV?

De meados do século XII a cerca de 1340, o desenvolvimento da cristandade latina atinge o seu apogeu. Nesse apogeu a França ocupa o primeiro lugar e o grande movimento de urbanização está no auge. As cidades são uma das principais manifestações e um dos motores essenciais dessa culminação medieval. A atividade econômica, cujo centro são as cidades, chega ao seu mais alto nível. Sob a égide de uma Igreja que se adapta à evolução e triunfa sobre a ameaça herética, particularmente viva em certos meios urbanos, uma nova sociedade, marcada pelo cunho urbano, manifesta-se num relativo equilíbrio entre nobreza, que participa do movimento urbano mais do que se tem afirmado, burguesia que dá o tono, se não o tom, à sociedade, e classes trabalhadoras, das quais uma parte – urbana – fornece a massa de mão de obra às cidades, e a outra – rural – alimenta a cidade e é penetrada por seu dinamismo.

Fonte: Le Goff, 1992, p. 1.

Em meio às disputas na Europa entre papas e imperadores, houve um crescimento urbano e o surgimento da burguesia. Nota-se, portanto, que as querelas entre papas e imperadores não geraram um atraso na Europa; pelo contrário, o continente europeu se adaptou aos novos tempos de crise e prosperou econômica, social e politicamente.

Foi apenas com o Papa Urbano VI, de 1378 a 1389, que o papado voltou para a cidade de Roma.

> Este ato, porém, precipitou um cisma entre os cardeais: a maioria aprovou a deposição de Urbano, a eleição de um novo papa francês e a volta a Avignon. Produziu-se assim o "Grande Cisma do Ocidente" (1378-1417), em que dois papas, e depois três, reclamaram para si o título de verdadeiros sucessores do apóstolo Pedro. (Dowley, 2009, p. 56)

Com a eleição de Martinho V, em 1417, o papado finalmente voltou para Roma e o cisma foi finalizado. Porém, após todas essas disputas, o papado ficou fragilizado e muitas acusações pesaram contra a Igreja: cobrança abusiva de dízimo; altas taxas para realizar serviços aos fiéis; tributos elevados para os devotos europeus, entre outros desvios de comportamento.

Ao longo do processo de reestruturação da Igreja, alguns papas estiveram dispostos a mudar a imagem da instituição, mas poucos lograram êxito. O último papa da Idade Média, o humanista Nicolau V, cujo pontificado foi de 1447 a 1455, com extrema erudição, empregou esforços nesse sentido, mas em vão. No entanto, seu estilo de papado abriu caminho para os chamados *papas da Renascença*: eram homens de excepcional conhecimento, refinados e extremamente educados, "mas não eram religiosos" (Le Goff, 1992, p. 57).

Muitos papas apresentavam características pagãs, como nepotismo, maquiavelismo e imoralidade. Vários deles, aliás, não tinham sequer vocação sacerdotal. No século XV, a Igreja medieval já se encontrava enfraquecida e necessitava de uma reforma, pois a insatisfação dos fiéis era grande, fato que pode ser considerado uma motivação para o surgimento posterior da Reforma Protestante.

Na época, os reis já estavam com seus poderes delimitados. Surgiram os primeiros Estados Nacionais, os quais já não dependiam mais da aprovação da Igreja. O teocentrismo deu lugar ao antropocentrismo, isto é, o homem passou a ocupar um lugar de destaque na vida social. Novas classes sociais emergiram e a nobreza entrou em decadência.

Nesse contexto, surgiu um modelo de monarca ideal, quando o filósofo italiano Maquiavel escreveu *O príncipe*, obra que tinha o intuito de ditar os princípios para reger a atuação da autoridade nos principados.

> Resta examinar agora como deve um príncipe comportar-se com seus súditos e seus amigos. Como sei que muita gente já escreveu a respeito desta matéria, duvido que não seja considerado presunçoso propondo-me examiná-la também, tanto mais quanto, ao tratar deste assunto, não me afastarei grandemente dos princípios estabelecidos pelos outros. [...]
>
> Assim, é necessário a um príncipe, para se manter, que aprenda a poder ser mau e que se valha ou deixe de valer-se disso, segundo a necessidade.
>
> [...] Nada faz estimar tanto o príncipe como os grandes empreendimentos e o dar de si raros exemplos. Temos, nos nossos tempos, Fernando de Aragão, atualmente rei de Espanha. A este príncipe pode-se chamar quase que de novo, porque de um rei fraco se tornou, pela fama e pela glória, o primeiro rei cristão; e se considerardes as suas ações, vereis que são todas altíssimas, havendo algumas extraordinárias. No começo do seu reinado assaltou Granada e esse empreendimento constituiu a base de seu Estado. (Maquiavel, citado por Pedrero-Sánchez, 2000, p. 262-264)

Fernando de Aragão, segundo a visão de Maquiavel, era um exemplo de monarca ideal – não estava submetido à Igreja e lutava por grandes causas, como a mencionada pelo pensador italiano (a luta contra os muçulmanos, referida na retomada de Granada pelos cristãos). Cada vez mais, os monarcas se libertavam do julgamento da Igreja e se preocupavam mais com o Estado; a Igreja, por sua vez, passou a se importar mais em manter os fiéis e em combater heresias.

Em síntese, nos séculos XIV e XV, houve um grande crescimento econômico e o fortalecimento do poder real com o nascimento dos primeiros Estados Nacionais, como Portugal e Espanha. Assim, ao estudar o período, fica notória a noção de que a Europa Central buscava se estruturar e se adaptar a uma nova realidade econômica, social e religiosa.

Síntese

Neste capítulo, identificamos o avanço do poder eclesiástico e a oposição do poder imperial, bem como as disputas entre papas e imperadores pela supremacia do poder. Tais querelas levaram ao Exílio de Avignon, isto é, à queda de papas e à excomunhão de reis. Vimos, também, que o período medieval ficou marcado pela necessidade dos reis de centralizar o poder, com forte oposição da Igreja, a qual se utilizou de vários tratados e textos para afirmar a superioridade dos papas. Exemplo disso é o documento *Dictatus Papae*, uma das várias tentativas de criar uma teocracia papal.

Indicações culturais

Filmes

O NOME da rosa. Direção: Jean-Jacques Annaud. França: 20th Century Fox Film Corporation, 1986. 131 min.

Trata-se de um clássico sobre o período medieval baseado no livro homônimo de Umberto Eco, que narra a história de um frade e seu noviço. O frade parte para participar de um conclave, mas se envolve em um cenário de crimes sem solução. É uma boa obra para entender um pouco mais sobre a Igreja na Idade Média e a importância dos livros para os clérigos. Também é interessante porque permite aprender mais sobre franciscanos e dominicanos e suas posições teológicas.

O SÉTIMO selo. Direção: Ingmar Bergman. Suécia: Zeta Filmes, 1957. 96 min.

Trata-se de outro clássico sobre a medievalidade, o qual versa sobre a dualidade entre vida e morte. Conta a história de um cavaleiro que retorna das Cruzadas e se depara com a peste negra, que matou um terço da população europeia. Para escapar da morte, ele aceita participar de um jogo de xadrez – caso perca, será levado pela morte. Enquanto jogam, o cavaleiro reflete sobre vida e morte e vivencia momentos que abalam sua fé em Deus.

Atividades de autoavaliação

1. Leia atentamente as afirmações a seguir e indique se são verdadeiras (V) ou falsas (F).
   ( ) Os papas da Idade Média contentavam-se com o poder espiritual e nunca interferiam em assuntos dos imperadores.
   ( ) O IV Concílio de Latrão, de 1215, foi convocado por Inocêncio III em uma tentativa de dar parâmetros para a Igreja.
   ( ) O poder temporal está relacionado aos assuntos religiosos do homem medieval.
   ( ) O poder espiritual pertence à Igreja e constitui-se em assuntos relacionados à fé.
   ( ) O *Dictatus Papae* foi elaborado em 1097 pelo Papa Urbano II.
   ( ) Henrique IV, então rei da França, desafiou o Papa Gelásio I.

   A seguir, assinale a alternativa que corresponde à sequência correta:

   a) V, V, F, F, F, V.
   b) V, F, F, V, V, F.
   c) F, V, F, F, V, F.
   d) F, V, F, V, F, F.

2. Assinale a alternativa que identifica a visão de Jacques Le Goff (2005) sobre o movimento cruzadista:
   a) Le Goff define que o estabelecimento dos cruzados na Palestina pode ser considerado um dos primeiros exemplos de colonialismo europeu.
   b) Esse movimento possibilitou a estabilização dos negócios entre Ocidente e Oriente.
   c) Trata-se de um movimento que levou ao crescimento econômico oriental.
   d) Le Goff se posiciona contra a prática muçulmana e a favor dos cristãos.

3. Considere as afirmativas a seguir referentes às Cruzadas e classifique-as como verdadeiras (V) ou falsas (F):
   ( ) O Papa Urbano II convocou a primeira Cruzada, em 1095, para combater aqueles que eram considerados infiéis e auxiliar os cristãos no Oriente.
   ( ) O movimento das Cruzadas teve início no século XI, mas apenas uma Cruzada chegou a ocorrer e não obteve êxito.
   ( ) Os reis medievais eram contrários às Cruzadas, e nenhuma Cruzada foi liderada por um rei cristão.
   ( ) O saque de Constantinopla, em 1204, foi uma das realizações mais desastrosas de Inocêncio III.
   ( ) As Cruzadas foram uma realização bem-sucedida, isto é, os objetivos foram alcançados.
   ( ) As Cruzadas foram convocadas para realizar alianças entre ocidentais e orientais.

A seguir, assinale a alternativa que corresponde à sequência correta:

a) F, V, F, F, F, V.
b) V, F, F, V, F, F.
c) F, V, V, F, V, F.
d) F, F, V, F, V, V.

4. Considere as afirmativas a seguir referentes aos conflitos entre reis e papas, estudados neste capítulo:
   I) Gelásio I foi o papa responsável pela teoria dos dois gládios.
   II) Gregório VII escreveu o *Dictatus Papae* para combater o poder real.
   III) Henrique IV lutou contra Gregório VII e saiu vitorioso, portanto, não passou pela humilhação da excomunhão.
   IV) O grande Cisma do Ocidente ocorreu por causa do Papa Luís VII, que entrou em conflito com o Rei Guilherme, da Normandia.
   V) O Exílio de Avignon foi um período em que havia dois papas disputando o poder, sem contar que a sede do papado estava na França, e não na Itália.
   VI) O Papa Bonifácio VIII (1294-1303) teve uma querela com o Rei Filipe, o Belo, da França.

   Estão corretas as afirmativas:

   a) III, IV e VI.
   b) I, II, III e V.
   c) I, II, V e VI.
   d) II, III, IV e VI.

5. A respeito do Papa Inocêncio III, assinale a afirmação correta:
   a) Convocou a IV Cruzada e realizou o IV Concílio de Latrão.
   b) No seu pontificado, lutou contra as reformas na Igreja.
   c) Seu pontificado se iniciou em 1204, ano bissexto.
   d) Realizou a construção da Igreja Santa Sofia.

Atividades de aprendizagem

Questões para reflexão

1. Neste capítulo, identificamos que o movimento cruzadista não logrou êxito. Apenas algumas cruzadas alcançaram seu objetivo, mas não mantiveram suas conquistas. Refletindo sobre a manutenção das conquistas dos cruzados, quais seriam as motivações da gradativa perda dos territórios conquistados?

2. Ao longo da análise realizada no capítulo, entendemos as questões relacionadas às disputas entre clero e nobreza. Como essas disputas se iniciaram e por quê? Aponte as causas e consequências dessa relação conturbada.

Atividade aplicada: prática

1. Leia atentamente o Anexo 7, disponível ao final do livro. Em seguida, elabore um relatório comparando o texto lido às informações apresentadas neste capítulo. Tome como base a trifuncionalidade explicitada por Georges Duby, autor do texto presente no anexo. Para facilitar a compreensão e a assimilação dos conceitos, elabore uma nuvem de ideias. Por fim, discuta sua análise com seus colegas.

Capítulo 4

Islã

Neste capítulo, abordaremos o surgimento do islamismo, movimento iniciado por Maomé e continuado pelos seus herdeiros e seguidores. Trata-se de um movimento iniciado no Oriente, em uma terra de base nômade, onde o sedentarismo não era uma regra. Os povos que habitavam a Península Arábica eram, originalmente, politeístas, com exceção dos judeus, que também se encontravam espalhados pela região. Este capítulo é dedicado, portanto, à compreensão desse movimento e de sua expansão por outras regiões, levando em conta sua oposição ao cristianismo vigente. Segundo Lannes (2013, p. 18),

> Durante seis séculos (VII-XIII) os árabes estabeleceram um Império que, em seu auge, se estendeu do continente asiático à Europa, passando pelo norte da África, unindo diversos povos e religiões, os quais eram governados por uma estrutura política que seguia os preceitos do Corão, o livro sagrado dos islâmicos. Durante esse tempo, eles desenvolveram uma complexa infraestrutura administrativa e controlaram as principais rotas comerciais, dominando o comércio no Mar Mediterrâneo.

Aqui abordaremos um pouco dessa expansão e da complexa infraestrutura desenvolvida pelos árabes islâmicos. Esclarecemos que, embora represente uma regressão temporal, optamos por apresentar o surgimento do islã somente após termos abordado os acontecimentos relacionados ao Ocidente. No entanto, fazemos a ressalva de que, como você pôde perceber nos capítulos anteriores, Ocidente e Oriente não são duas realidades distintas e estanques, mas duas realidades que mantiveram pontos de contato e conflito, dos quais decorrem interinfluências que se mantêm ainda na atualidade. As trocas culturais entre o Ocidente e o Oriente ocorreram de maneira gradativa ao longo dos séculos.

(4.1)

As fontes disponíveis para o estudo do mundo árabe

As fontes disponíveis que temos acesso para o estudo das origens do islamismo e do período do expansionismo partem de três correntes de estudo:

1. **Historiadores e filósofos árabes e cristãos (armênios e sírios)**: Suas pesquisas estão centradas na ascensão de Maomé e na formação do islã. Essa é considerada a tradição antiga – todas as produções partem dela.
2. **Historiadores vindos de uma escola orientalista inglesa**: Essa corrente é tão forte que chegou a influenciar a produção oriental indiana sobre o tema. Essa influência não ocorreu por acaso: é só pensarmos no imperialismo britânico sobre a Índia e em diversas partes do globo. Essa visão só começou a ser descontruída mediante a análise de fontes árabes, armênias e bizantinas. Nela encontramos nomes como *Bernard Lewis*.
3. **Historiadores, filósofos e antropólogos das mais diversas regiões**: Essa corrente propõe um revisionismo sobre a segunda corrente de análise. Esses trabalhos se encontram fora do eixo Inglaterra-França e estão mais centrados nos autores norte-americanos.

Fontes de tradição armênia e bizantina

Relatos mais centrados na expansão do islamismo.

Fontes de tradição árabe

Escritos árabes do século VI e X.

As **fontes de tradição árabe** são consideradas primárias para estudo e pesquisa e partem da chamada *tradição antiga*:

> Um dos principais escritos desse contexto seria a própria elaboração do Corão, cuja finalização é atribuída ao período do califado de Uthman ibn Affan (22-34/644-656). Outros escritos de importância dessa tradição foram elaborados [...] [do] século VIII ao X. O principal marco desse contexto são as biografias e análises sobre a formação do islamismo, cujos principais nomes são: Muhammad ibn Ishaq ibn Yasar, conhecido como Ibn Ishaq, o qual elaborou em 151/773 a primeira biografia de Maomé, conhecida como *Sirat Rasul Allah* (Caminho do Mensageiro de Alá); Abu Ja'far Muhammad ibn Jarir al-Tabari (224-310/838- 923), conhecido como Al-Tabari, que escreveu uma coletânea de livros sobre a história islâmica conhecida como *Tarikh al-Rusul wa al-Muluk* (História do Profeta e dos Reis), ou simplesmente *Tarikh al-Tabari*; pode-se elencar, ainda, Abu Muhammad 'Abd al-Malik bin Hisham, mais conhecido como Ibn Hisham, responsável por editar a biografia de Maomé escrita por Ibn Ishaq. (Lannes, 2013, p. 28-29)

Além dos escritos citados, há muitos outros que estão inseridos em uma "tradição antiga". Alguns se perderam e, ainda, há casos em que um sujeito atesta um fato dito por A que leu em B. Assim, devemos sempre nos atentar para a leitura e a compilação dessas fontes. Não podemos deixar de referenciar aqui o *Corão* (ou *Alcorão*) e a Charia, a Sunna e os Hadith (tradição oral), fontes consideradas essenciais para se entender o surgimento e os parâmetros que regem o islamismo.

Entre os vários autores árabes, não podemos deixar de citar Ibn Khaldun (1332-1406): "Apontado como um dos principais filósofos árabe-islâmicos, Khaldun é considerado precursor de diversas disciplinas, como a Sociologia" (Lannes, 2013, p. 25). O interessante ao pensarmos nesses autores é que eles não analisavam o *Corão* (são palavras do próprio Alá para Maomé, não podem ser contestadas). Assim, a principal análise deles é em cima dos Hadith. O trabalho consistia na arrolação de todos esses escritos, verbetes e ditos para reconstruir as origens do movimento islâmico.

Mais adiante identificaremos o pensamento de Edward Said, que se tornou o grande representante do chamado *orientalismo*.

Figura 4.1 – Árvore genealógica da historiografia sobre o Oriente[1]

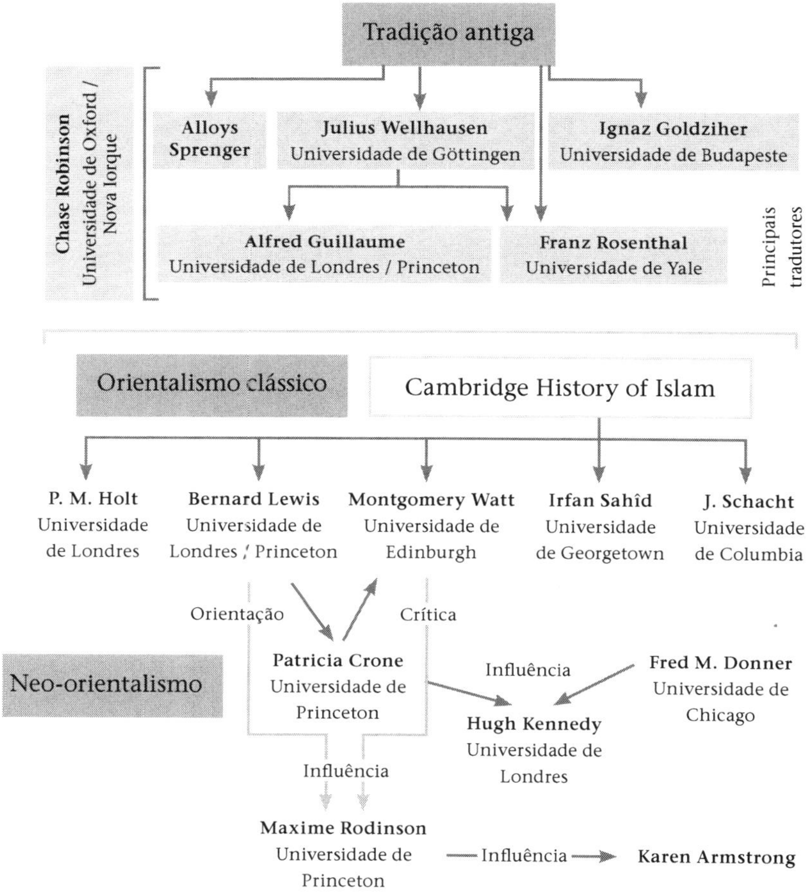

Fonte: Lannes, 2013, p. 124.

1 *Edward Said não está presente na genealogia realizada por Lannes, apesar de ser o precursor do orientalismo.*

A obra *Orientalismo: o Oriente como invenção do Ocidente*, de Edward W. Said (1996), é um dos clássicos para dar início aos estudos orientais. Nela, o autor estabelece questionamentos mais profundos sobre como o Oriente que conhecemos está bem distante do verdadeiro Oriente. A maior parte da historiografia sobre o tema é produzida por ocidentais, que, muitas vezes, acabam por inserir seus preconceitos e definições ocidentais em estudos e pesquisas. Said, em certa medida, rompe com essa tradição "eurocêntrica", mas também devemos ler sua obra com reservas e verificá-la à luz do período de produção. A obra foi produzida na década de 1970, momento de rompimento de escolas historiográficas, em que novas abordagens estavam sendo propostas. Said é definido como um historiador do orientalismo clássico.

> O palco orientalista torna-se um sistema de rigor moral e epistemológico. Como uma disciplina que representa o conhecimento ocidental institucionalizado sobre o Oriente, o orientalismo começa assim a exercer uma força tripla, sobre o Oriente, sobre o orientalista e sobre o "consumidor" ocidental do orientalismo. Acredito que seria um erro subestimar a força da relação tripla que se estabelece dessa maneira. Pois o Oriente ("lá longe" em direção ao Leste) é corrigido, e até penalizado, pelo fato de estar fora das fronteiras da sociedade europeia, o "nosso" mundo. O Oriente é assim **orientalizado**, um processo que não apenas o marca como a província do orientalista como também força o leitor ocidental não iniciado a aceitar as codificações orientalistas (como a *Bibliothéque* em ordem alfabética de D'Herbelot) como o **verdadeiro** Oriente. Em poucas palavras, a verdade torna-se uma função do julgamento culto, e não do próprio material, que com o tempo deve até mesmo a sua existência ao orientalista. (Said, 1996, p. 76-77, grifo do original)

Said orienta que os estudos sobre o orientalismo devem partir de fontes orientais, dar fala ao mundo oriental. Muitas obras foram construídas com prejuízo ao Oriente pelo seu cunho pejorativo referente às relações pessoais do Oriente, ou seja, pela religião que, para os cristãos ocidentais, demonstra uma infidelidade em relação aos valores cristãos. A historiografia de hoje busca redescobrir e ouvir o que as fontes árabes e orientais têm a dizer. Dar o lugar de fala para esses escritores do passado ajuda a ter uma visão mais assertiva sobre o mundo Oriental.

(4.2)
Maomé e a religião deixada como herança

Nascido em 570[2], em Meca, Maomé ficou órfão quando tinha aproximadamente 6 anos de idade. Por isso, desde cedo aprendeu os ofícios da comunidade em que vivia, no caso, a tribo dos coraixitas[3] (uma das principais da região), de onde descendem seus ancestrais. Ficou sob a tutela de seu tio, Abu Talibe.

Maomé começou muito cedo a se dedicar ao comércio: vendia de tudo um pouco e circulava por quase toda a Península Arábica. Antes de sua visão do Arcanjo Gabriel e do início de sua caminhada, levava uma vida austera e discreta; ainda assim, emana de sua biografia uma construção mitológica. Em 595, casou-se com a viúva Khadija, mulher abastada e bem mais velha que ele, que veio a se tornar uma das mais fiéis seguidoras do profeta. Segundo a tradição, Khadija foi a primeira mulher a se converter ao islamismo. No ano de 610, Maomé teve uma revelação espiritual que mudaria sua vida.

---

2 *Não há uma data exata para o nascimento de Maomé; vários autores divergem sobre essa informação, mas, conforme Eliade (2011), seu ano de nascimento provável é entre 567 e 572.*

3 *Os coraixitas, dos quais descende a linhagem de Maomé, eram predominantes na Arábia e tinham origem nobre. Era uma comunidade politeísta.*

> A parte mais obscura da vida de Maomé, na narrativa dos biógrafos, é a inicial. Dizem-nos que ele nasceu em Meca, uma aldeia da Arábia Ocidental, talvez no ano de 570, ou por volta disso. Sua família pertencia à tribo dos coraixitas, embora não à parte mais poderosa. Os membros dessa tribo eram mercadores que mantinham acordos com tribos pastoris em torno de Meca, e também relações com a Síria e o sudoeste da península. (Hourani, 1994, p. 32)

Assim como Jesus, cujas partes da juventude são desconhecidas, as informações sobre a vida de Maomé também são imprecisas, especialmente antes de sua conversão. Os biógrafos conseguem fornecer poucos dados sobre sua existência.

> De todos os fundadores de religiões universais, Maomé é o único cuja biografia, em suas linhas gerais, é conhecida. (As fontes mais importantes são o Corão (em árabe: al-Qor'ân, "a Pregação") e as informações orais transmitidas pela Tradição (em árabe, al-Hadith, "o Proposto", "o Dito"). Acrescentemos, porém, que o valor histórico dessas fontes nem sempre é seguro. Isso não quer dizer que se conhece também sua biografia íntima. No entanto, as informações históricas de que dispomos acerca de sua vida e das experiências religiosas que prepararam e determinaram sua vocação profética, de um lado sobre a civilização árabe de seu tempo e, de outro, sobre as estruturas sociopolíticas de Meca, são extremamente valiosas. Elas não explicam a personalidade de Maomé nem o êxito de sua pregação, mas permitem-nos apreciar melhor a criatividade do Profeta. É importante dispor, pelo menos para um dos fundadores de religiões universais, de uma riquíssima documentação histórica; isso torna ainda mais compreensível o poder de um gênio religioso; em outras palavras, percebe-se até que ponto um gênio desse tipo pode utilizar as circunstâncias históricas para fazer triunfar sua mensagem; em suma, para mudar radicalmente o próprio curso da história. (Eliade, 2011, p. 69)

Maomé começou a pregar o que lhe havia sido revelado, primeiramente, em pequenos grupos. Mais tarde, quando se mostrou contrário ao excesso de idolatria que existia na Arábia, foi perseguido por pessoas poderosas de Meca. Por essa razão, no ano de 622[4], viu-se obrigado a fugir para Yathrib, cidade que, posteriormente, passaria a se chamar *Medina* (cidade do profeta). Lá conseguiu apoio, mas isso gerou uma guerra. Finalmente, Maomé conseguiu conquistar Meca e, assim, iniciou a expansão da nova religião. A conquista de Meca e o fim do paganismo fez surgir uma nova ordem e leis fundamentadas no islamismo. "Os que se submeteram à Vontade d'Ele acabaram tornando-se conhecidos como muçulmanos; o nome da religião, Islã, deriva do mesmo radical linguístico" (Hourani, 1994, p. 33).

> O Islã (árabe مالسإلا; al-islām) é uma religião monoteísta baseada no Alcorão, livro sagrado "enviado por Deus" (Allāh) através do profeta Maomé. Os seguidores do Islã, muçulmanos (árabe ملسم), acreditam que Maomé foi o último de uma série de profetas enviados por Deus, que inclui Abraão, Noé, Moisés e Jesus. A maioria considera o registro histórico das ações e ensinamentos do profeta, relatadas na *Sunna* e no *Hadiz*, como meios indispensáveis para interpretar o Alcorão. (Coggiola, 2007, p. 5)

Assim, o islã pode ser definido, de maneira simples, do seguinte modo: religião monoteísta baseada nos ensinamentos de um profeta. Maomé pregava de maneira simples, mas sua argumentação arrebatava quem a ouvia, tanto é que vários se converteram ao ouvir suas

---

4 *Essa fuga marcou o início do calendário islâmico e ficou conhecida como* Hégira *(saída de Maomé de Meca para Medina).*

pregações. Falava de um Deus único e contra a idolatria pagã. Um dos poucos ícones mantidos por Maomé da época pagã foi a Caaba[5].

Figura 4.2 – Caaba

ESB Professional/Shutterstock

Na Figura 4.2, fica evidenciada a reverência dos muçulmanos pela Caaba. São milhões de visitantes todos os anos. Muitos chegam a morrer nessa peregrinação para poder tocar na pedra negra e contornar a Caaba.

Maomé não deixou nada escrito. Segundo alguns de seus biógrafos, ele era analfabeto, fato que não o impediu de se dedicar ao comércio – por isso, supõe-se que ele tinha algum conhecimento,

5 Caaba *é uma estrutura cuboide que contém uma pedra negra considerada um dos símbolos do islamismo. Localizada em Meca, é um dos motivos que impelem milhões de muçulmanos a realizarem uma peregrinação pelo menos uma vez na vida até a cidade. A Caaba representa a nova fé e o repúdio ao paganismo que existia antes do profeta.*

mesmo que básico. Após sua morte, em 632, seus sucessores, chamados de *califas*, ficaram responsáveis por perpetuar suas pregações e seus ensinamentos no *Corão*, o livro sagrado dos muçulmanos.

> Em 632, Maomé fez sua última visita a Meca, e o discurso que ali proferiu foi registrado nos textos tradicionais como a declaração final de sua mensagem: "Sabei que todo o muçulmano é irmão do outro, e que os muçulmanos são irmãos"; devia-se evitar a luta entre eles, e o sangue vertido em tempos pagãos não devia ser vingado; os muçulmanos deviam combater todos os homens, até que dissessem: "Só há um Deus". (Hourani, 1994, p. 36)

Abu Bakr foi o primeiro sucessor do profeta – de 632 a 634 – e enfrentou vários problemas para consolidar seu poder. "A palavra árabe *khalifa* foi o título adotado por Abu Bakr, sogro do Profeta e seu sucessor, cuja ascensão à chefia da comunidade islâmica marcou a fundação da grande instituição histórica do califado" (Lewis, 2004, p. 28). Maomé não deixou um testamento definindo quem seria seu sucessor direto, fato que gerou uma divisão no islã. Havia aqueles que achavam que o sucessor do profeta deveria ter uma relação de parentesco com ele, ao passo que outros acreditavam não importar tal relação. Abu Bakr foi o responsável por dar início à compilação que, posteriormente, se chamaria *Alcorão*, a qual foi concluída apenas em 651. Em razão da falta de um testamento que explicitasse claramente os desejos de Maomé, os muçulmanos dividiram-se em partidos ou partidários.

> Assim, trinta anos após a morte do Profeta, a *ummah*[6] encontrava-se dividida – situação [...] que se manteve até hoje – em três partidos:

6 Ummah *é a comunidade constituída por todos os muçulmanos no mundo, sem distinção de raça, nacionalidade, gênero etc.*

> a maioria dos crentes, os sunitas, ou seja, os partidários da sunna (a "prática", a "tradição"), sob a direção do califa reinante; os xiitas, fiéis à descendência do "verdadeiro" califa, 'Ali; os carijitas ("secessionistas"), que consideravam que só a comunidade tinha direito de eleger seu chefe, e também o dever de depô-lo se incorresse em pecados graves. [...], cada um desses partidos contribuiu, em dose maior ou menor, para o desenvolvimento das instituições religiosas, da teologia e da mística muçulmanas. (Eliade, 2011, p. 85-86)

A seguir, observe o que diz Lewis (2004) sobre a questão analisada anteriormente por Eliade (2011):

> A carreira do profeta Maomé – o modelo que todo bom muçulmano busca imitar, não só nisso, como em tudo o mais – divide-se em duas partes. Na primeira, durante os anos em sua cidade natal, Meca (?570-622), era um oponente de oligarquia pagã que então reinava. Na segunda, após sua mudança de Meca para Medina (622-632), era o chefe de um Estado. Essas duas fases na carreira do Profeta, uma de resistência, outra de comando, estão refletidas no Alcorão, onde, em diferentes capítulos, os fiéis são instruídos a obedecer ao representante de Deus e desobedecer ao Faraó, o paradigma do dirigente injusto e tirânico. Tais aspectos da vida e obra do Profeta inspiraram duas tradições no islã, uma autoritária e quietista, a outra radical e ativista. (Lewis, 2004, p. 31)

Para Lewis (2004), reside nessa dualidade (profeta de uma religião e chefe de Estado) a grande diferença entre o islamismo e o cristianismo, em que, via de regra, a autoridade religiosa não interfere no Estado. Lembre-se de que, como explicado no Capítulo 3, durante o período medieval, a Igreja fez uma distinção entre poder espiritual (religião) e poder temporal (Estado); o primeiro pertencia à Igreja e o segundo, a reis e imperadores. Quando houve a interferência da

Igreja em questões do Estado, a reação foi imediata: guerras, conflitos e disputas. Contudo, no islamismo, o representante religioso também governa o Estado. Trata-se, portanto, de uma religião política desde a época de Maomé, pois não há separação entre os poderes citados.

> A primeira grande conquista árabe-islâmica, que começou no século VII, rompeu de uma vez por todas a unidade do Mediterrâneo na Antiguidade, destruiu a síntese cristã-romana e propiciou o surgimento de uma nova civilização dominada por potências setentrionais (a Alemanha e a França carolíngia), cuja missão, segundo Henri Pirenne, teria consistido em retomar a defesa do "Ocidente" contra seus inimigos histórico-culturais. Para Edward Said, "o que Pirenne deixou, infelizmente, de dizer, é que a criação dessa nova linha de defesa do Ocidente aproveitou inúmeros elementos do humanismo, da ciência, filosofia, sociologia e historiografia do Islã, que já se haviam interposto entre o mundo de Carlos Magno e a antiguidade clássica. O Islã está dentro do Ocidente desde o início, como foi obrigado a admitir o próprio Dante, grande inimigo de Maomé, quando situou o Profeta no próprio coração de seu Inferno". (Coggiola, 2007, p. 8)

A expansão árabe após a morte de Maomé levou-os até o Ocidente, como percebemos na citação de Coggiola (2007), especialista em mundo árabe. A chegada do islamismo na Península Ibérica marca o início do apogeu do Império Islâmico, que gradualmente começou a buscar outros continentes e regiões. Talvez, a simplicidade do processo de conversão e a abertura para todos os povos tenha sido um atrativo nessa religião.

> O Alcorão representou a visão idealizada de uma pessoa que morou no deserto da Arábia nas condições sociais da época de Maomé; descreve como tal pessoa imaginaria um lugar ideal para passar a eternidade. Esta

> percepção não representa a visão ou o testamento de algum deus eterno, onisciente, onipresente e onipotente, mas a de um ser humano, refletindo as condições naturais e sociais em que ele viveu. Esse monoteísmo é, portanto, diverso do judeu ou do cristão. O orientalista (marxista) francês, Maxime Rodinson, apontou em artigo intitulado *A Fascinação do Islã*, como, a partir do século XVII, o Islã, diferentemente do cristianismo, foi visto no Ocidente como o epítome da tolerância e da razão. (Coggiola, 2007, p. 9)

O *Corão* é composto de 114 capítulos, conhecidos como *suras*, os quais são subdivididos em versículos. Trata-se de uma obra muito semelhante à *Bíblia*. Há, em suas páginas, até mesmo menções a Noé, a Abraão e a Jesus, entre outros personagens bíblicos. Para uma melhor compreensão do conteúdo, o muçulmano deve conhecer o livro sagrado em árabe, embora já existam, atualmente, várias traduções, inclusive para o português. No islamismo, não há batismo; por isso, para alguém se tornar um adepto da religião, é preciso proferir, em árabe, a Declaração do Testemunho de Fé (*Shahada*): "Eu testemunho que não existe deus além de Alá e eu testemunho que Muhammad é o mensageiro (profeta) de Alá", na presença de um *sheikh* muçulmano.

Outra obrigação de todo muçulmano é praticar os cinco pilares do islamismo:

- **O testemunho**: O muçulmano deve fazer sua Declaração de Fé (*Shahada*).
- **A oração**: O fiel deve orar cinco vezes ao dia com a face voltada para Meca.
- **O *zakat***: Como tudo o que o indivíduo tem pertence a Deus, é preciso ajudar aqueles que necessitam pelo menos uma vez ao longo da vida.

- **O jejum no mês do Ramadã**: Todo muçulmano deve realizar jejum durante o mês sagrado, mas há casos em que esse jejum é dispensado (mulheres grávidas ou menstruadas, pessoas idosas e indivíduos doentes).
- **O *hajj***: Refere-se à peregrinação a Meca. Todo muçulmano deve, pelo menos uma vez na vida, ir até a cidade sagrada e dar sete voltas em torno da Caaba, bem como cumprir outros ritos, a exemplo do que fez o profeta.

Esses são os cinco pilares do islamismo, cumpridos à risca por todos os seguidores da religião. O *Corão* fornece as instruções de como o fiel deve executar cada pilar para ser um bom muçulmano. A busca por um ideal de religioso perfeito perpassa o islamismo.

(4.3) *Jihad*

A expansão territorial empregada pelos islâmicos se justifica pelo *jihad* (com ou sem o uso da força). Não encontramos esse apelo religioso no cristianismo, pois a missão evangelizadora cristã parte de outros pressupostos – embora saibamos que, historicamente, em sua expansão, o cristianismo cometeu vários genocídios em nome da fé. Cada religião apresenta as peculiaridades do grupo que a professa.

Segundo Peter Demant (2004, p. 27):

> De forma ainda mais incisiva que no judaísmo e no cristianismo, o islã enfatiza a insuperável distância entre o Criador e a criatura, e Sua absoluta unicidade: o politeísmo (shirk, isto é, assumir uma "companhia" igual a Ele) constitui assim o maior pecado. Daí a severidade contra a veneração de espíritos, santos e imagens, além de uma incompreensão diante do conceito de Trindade (o islã aceita, entretanto, a existência dos

> anjos, jinns e demônios). Deus é eterno, inato, onisciente, onipresente. Os pensamentos mais secretos do coração lhe são abertos. Em tal visão, a função do homem é, antes de mais nada, entregar-se e servir a Deus. Deus é incomensurável, enquanto até os melhores dos homens, tal como Maomé, são seres mortais e Lhe devem obediência absoluta.

Demant destaca as diferenças entre as religiões, principalmente no que se refere ao culto de imagens e ícones. Como comentamos anteriormente, o islamismo não se assemelha ao cristianismo. Desde o início do cristianismo, a proposta de Jesus era pacífica[7]. Já a de Maomé, de certa maneira, fundamenta-se na guerra como um meio para praticar a conversão e a expansão. Os biógrafos de Maomé não relatam se ele matou outros homens, mas ele participou de conflitos para tornar sua religião hegemônica na região, algo que se estendeu por anos.

Nos primórdios da religião, os conflitos contra Meca foram sangrentos e violentos e a imposição do islamismo ocorreu em vários conflitos no território. Mediante o uso do nome de Alá, o *Corão* apresenta vários trechos em que fica clara a intenção de uma luta justa em prol de um bem maior, de um Deus único.

> Ó crentes! Ponde-vos em guarda! Lançai-vos contra os nossos inimigos em grupos ou em bloco. Há entre vós quem vai lentamente. Se os aflige uma desgraça dirão "Allah me fez bem, porque não fui testemunho para eles". Se os atinge um favor procedente de Allah dirão, como se não existisse amizade entre vós e Ele "oxalá tivesse estado com eles e teria obtido uma grande vitória".

7 *Aqui, citamos Jesus Cristo como fundamento do cristianismo, desconsiderando o papel do Antigo Testamento no catolicismo, visto que seus textos, bem como o Deus retratado neles, apresentam um caráter mais violento e punitivo.*

Combatei na senda de Allah contra os que compram a vida mundana com a última! Àqueles que combatem na senda de Allah, quer estejam mortos, quer estejam vitoriosos, conceder-se-á uma enorme recompensa.

Como não combatereis na senda de Allah, em favor dos homens débeis, das mulheres e das crianças que dizem: "Senhor nosso! Tirai-nos deste povo cujas sendas são injustas! Dai-nos um chefe designado por Vós! Dai-nos um defensor designado por Vós!".

Os que acreditam, combatem na senda de Allah. Os que não acreditam combatem na senda de Tagut: combatei os inimigos do demônio [...]

Não vistes aqueles aos que foi dito: "deixai em repouso as vossas mãos! Cumpri a prece e dai esmola"? Quando se lhes prescreveu o combate, uma parte deles temeu os inimigos como se fossem Deus, ou talvez com maior temor, e disseram entre si: "Senhor nosso! Por que nos ordenastes o combate? E se nós o atrasássemos um pouco?". Respondei: "O gozo da vida é ínfimo e a última vida é melhor para quem é piedoso: não serão defraudados nem na quantidade da casca de uma tâmara".

Fonte: Alcorão, citado por Pedrero-Sánchez, 2000, p. 60-61.

A *jihad* teve início ainda no período de vida de Maomé. Alcançar a maior extensão possível do Império Islâmico era o grande objetivo do profeta e tarefa de seus sucessores, a fim de levar o islamismo para além do mundo árabe.

O comprimento do Império do Islã nos nossos dias estende-se desde os limites de Farghana (Pérsia), passando através do Khurasan (Média), al-Jibal[8], o Iraque e a Arábia até a costa do Iêmen, o que constitui uma viagem de quase quatro meses; quanto à largura, toma início na terra de Rum (Império Bizantino), passando através da Síria, Mesopotâmia, Iraque, Pars e Kirman[9], até o território de al-Mansura nas costas do

8 *A região da antiga Média, com as cidades de Hamadhan (Ecbátana) e Ispahan.*

9 *Províncias do Irã. Pars deu origem à denominação grega "Persia"; Kirman é confinante com a anterior.*

> mar de Fars[10], o que são quase quatro meses de viagem. Na declaração anterior sobre a extensão do Islã omiti a fronteira do Maghreb e o al-Andalus (Espanha), por serem como a manga de um vestido. Para oriente e ocidente de Maghreb não há Islã [...]. (Ibn-Hawgal, citado por Pedrero-Sánchez, 2000, p. 68)

Como é possível perceber na citação, o império era bem grande e abrangia várias regiões dentro e fora da Ásia. A luta iniciada por Maomé teve sua repercussão na *jihad*, palavra árabe que significa "esforço", "luta", "empenho". Todo muçulmano precisava empenhar-se para levar a palavra do profeta e devotar obediência a Alá. Cabe, porém, a ressalva de que nem todos os que aderiram ao islã o fizeram por meio de lutas; alguns deles, inclusive, aceitaram o islamismo como uma forma de libertação. Na Índia, onde o hinduísmo está fundamentado em um sistema de castas, muitos *dalit* viram no islamismo a oportunidade de se livrarem da exclusão social e de serem aceitos como são, de modo que se converteram espontaneamente. Ainda hoje, quase 14% da população do país é muçulmana, principalmente composta por *shudras* ou *dalit*.

A *jihad*, ou "guerra santa", foi amplamente difundida na Idade Média. Atualmente, em nome dessa fé, alguns extremistas muçulmanos praticam atos de terrorismo em punição aos infiéis.

> Uma das tarefas elementares legadas aos muçulmanos pelo Profeta era a ***jihad***. Essa palavra vem da raiz arábica ***j-h-d***, significando basicamente empenho ou esforço. Com frequência, é usada em textos clássicos com um sentido bastante próximo de batalha e, portanto, também de luta. É usualmente citada no versículo do Alcorão "esforçando-se no caminho de Deus" (p. ex., IX, 24; LX, 1 etc.), e tem recebido várias interpretações

---

10 *Província iraniana banhada pelo oceano Índico.*

no sentido de esforço moral e luta armada. Em geral, é bastante fácil entender, pelo contexto, qual dessas nuances de significado tem-se em mente. No Alcorão, a palavra ocorre muitas vezes nesses dois sentidos, mas relacionados. [...] Um bom exemplo é a passagem IV, 95: "Aqueles crentes que permanecem em casa, além dos incapacitados, não são iguais àqueles que se empenham no caminho de Deus com seus bens e suas pessoas. Deus situou os que se empenham com seus bens e suas pessoas em um nível mais elevado do que aqueles que permanecem em casa. Deus prometeu recompensa a todos que creem, mas concede aos que lutam uma recompensa maior, distinguindo-os dos que permanecem em casa." Juízos semelhantes podem ser encontrados em VIII, 72; IX, 41, 81, 88; LXVI, 9 etc. (Lewis, 2004, p. 45-46, grifo nosso)

Nessa análise feita por Lewis (2004), é possível notar o teor do emprego da palavra *jihad* e como ela envolve duas faces: uma conotação espiritual, moral, e outra mais prática, a luta em si. Os *hadith* são tradições que tratam de analisar atos e palavras do profeta. Muitas consideram a luta uma determinação de Maomé. Existem regras relativas a como agir na *jihad*, o que também pode ser encontrado no *Corão*. Os crentes que lutam teriam recompensas nessa vida e na outra. A esperança da recompensa motiva e impulsiona vários jovens a ingressarem na ramificação mais extremista em nome da fé.

Quando se estuda o mundo árabe, é necessário ter em mente uma realidade que vem de uma tradição judaico-cristã e adota significados novos para a fé e de como demonstrá-la. Na Idade Média, a falta de delimitação de territórios justificava a luta armada por regiões. Atualmente, no entanto, cada país tem sua soberania, e o respeito à escolha dos indivíduos deveria prevalecer; mas, ainda assim, são muito recorrentes os atentados realizados em nome da religião.

Lewis (2004) é bem categórico ao falar sobre isso. A *jihad* pode ter várias interpretações no *Corão,* bem como em outros textos sagrados muçulmanos, como os *hadith* e a *charia* (lei islâmica). Assim sendo, é possível pensar na *jihad* como uma "luta armada" para realizar a propagação da religião, mas, para o muçulmano, pode significar apenas propagar sua fé.

O *Corão* tem, ao mesmo tempo, conotação de livro sagrado e de manual de conduta do povo islâmico. O fiel segue o que está escrito como uma norma rígida e imutável. Maomé, como profeta da religião desde os primórdios, ensinou seus seguidores a seguirem o que Alá havia revelado a ele. Quando o que foi ensinado e pregado por Maomé passou para a forma escrita, todo o cuidado foi tomado para mostrar ao fiel a importância da obediência à religião.

Lewis (2004, p. 21) cita um episódio que demonstra essa obediência ao profeta:

> Historiadores árabes clássicos contam que, no ano 20 da era muçulmana (correspondente ao ano 641 d.C.), o califa Umar decretou que judeus e cristãos deveriam ser retirados de toda a Arábia, com exceção das faixas do sul e do leste, em obediência a um comando do Profeta pronunciado em seu leito de morte: "Que não haja duas religiões na Arábia".

O conceito de *jihad* estabelecido no período de Maomé traz algumas dúvidas para os seguidores da religião e gera controvérsias, mas sua base estabelece regras para a luta. Segundo Lewis (2004, p. 47-48):

> A tradição também estabelece algumas regras de guerra para a condução da *jihad*:
>
> Saiba que os prisioneiros devem ser bem tratados.
>
> A pilhagem não é mais legal do que carne podre.

Deus proibiu matar mulheres e crianças.

Os muçulmanos estão obrigados por seus acordos, desde que esses estejam em conformidade com a lei. (Esses e outros textos sobre a jihad serão encontrados nas edições standard das tradições do Profeta, alguns deles também disponíveis em inglês. Os citados acima foram tirados de 'Ala al-Din 'Ali ibn Husan al-Din al-Muttqi, Kanz al-'Ummal, 8 partes (Hiderabad, 1312; 1894-1895), vol. 2, p. 252-86).

Por fim, não é possível fazer a *jihad* inadvertidamente, pois o profeta se preocupou em normatizá-la, assim como fez com toda a religião islâmica. Portanto, há regras bem claras para a execução da *jihad*. No período medieval, ela levou o islamismo a vários continentes e contribuiu para aumentar consideravelmente o número de seguidores do islã.

(4.4) Expansão do Islã

Nesta seção, explicaremos como ocorreu a expansão islâmica para outras regiões, bem como de que maneira se deu a administração desse vasto império. Os primeiros califas foram os responsáveis pela fundação do império: "A expansão militar prossegue até 715, quando os turcos obrigam um exército árabe a abandonar a região do Oxo" (Eliade, 2011, p. 86). O Mapa D, que consta na seção Caderno de Mapas, demonstra essa expansão, abrangendo a época de Maomé e um século depois, o período dos califas.

Localizado inicialmente na Península Arábica, esse movimento se expandiu rapidamente, graças aos sucessores de Maomé, para o Norte da África, a Índia e, finalmente, a Europa, representada pela

Península Ibérica. No final da Idade Média, ocorreu também a queda de Constantinopla, dominada por turcos otomanos (muçulmanos).

Lewis (2004, p. 45) explicita muito bem o alcance do mundo islâmico ainda na Idade Média:

> Ao longo da história humana, muitas civilizações floresceram e decaíram – China, Índia, Grécia, Roma e, antes delas, as antigas civilizações do Oriente Médio. Durante os séculos que a história europeia chama de medievais, a mais avançada civilização do mundo era, sem dúvida, a do islã. O islã pode ter sido igualado – ou mesmo, em alguns aspectos, ultrapassado – pela Índia e pela China, mas essas duas permaneceram essencialmente circunscritas a uma região e a um grupo étnico, e seu impacto sobre o resto do mundo foi, por isso mesmo, limitado. A civilização do islã, em contraste, tinha perspectivas ecumênicas e, em suas aspirações, era explicitamente assim.

A intenção da religião islâmica sempre foi se propagar por todo o mundo e atingir vários povos, e não ficar localizada ou restrita ao mundo árabe. Isso fica bem evidente na citação anterior. Hourani (1994, p. 72) também discorre sobre essa expansão e sua repercussão:

> Nos séculos III e IV islâmicos (séculos IX ou X d. C.) surgiu algo que era reconhecivelmente um "mundo islâmico". Um viajante ao redor do mundo poderia dizer, pelo que via e ouvia, se uma terra era governada e povoada por muçulmanos. Essas formas externas tinham sido levadas por movimentos de povos: por dinastias e seus exércitos, mercadores cruzando os mundos do oceano Índico e do mar Mediterrâneo, e artesãos atraídos de uma cidade para outra pelo patrocínio de governantes ou dos ricos. Também eram levados por objetos importados ou exportados que expressavam um certo estilo: livros, metalurgia, cerâmica e sobretudo têxteis, principal artigo do comércio a longas distâncias.

Esse "mundo islâmico" rapidamente se expandiu, mas enfrentou problemas políticos com os sucessores do profeta. Hourani (1994, p. 92) explica, em linhas gerais, os problemas e questionamentos inerentes à sucessão governamental islâmica:

> As linhas de pensamento e estudo ao longo das quais se articulou o Islã foram numerosas, mas claramente relacionadas umas com as outras. O primeiro problema a surgir, e com mais urgência, foi o da autoridade. A pregação de Maomé dera origem a uma comunidade empenhada em viver de acordo com as normas contidas ou implícitas no Corão. Quem devia ter autoridade nessa comunidade, e que tipo de autoridade? Essa foi uma questão levantada pelas dissensões e conflitos do primeiro meio século, e respondidas à luz da reflexão sobre essas perturbações. Devia a sucessão de Maomé, o Califado ou, como também era chamado, o imanato, estar aberto a todos os muçulmanos, ou apenas aos Companheiros do Profeta, ou apenas à sua família? Como se deveria escolher o califa? Quais eram os limites de sua ação legítima? Se ele agisse injustamente, devia ser desobedecido ou deposto?

Todas essas questões foram resolvidas ao longo dos séculos pelos sucessores do profeta e pelas interpretações dos *hadith* e das *sunnah*. A expansão islâmica esteve intimamente ligada aos sucessores e a suas práticas de conquista e expansão.

É possível afirmar que o sucesso da expansão árabe residiu no fato de uma mudança de eixo para Bagdá, abrindo caminho para um islamismo universal, não mais restrito à Península Arábica. "A construção, em 762, de uma nova capital, Bagdá, assinala o fim do islã com preponderância árabe. A cidade, em forma de círculo dividido por uma cruz, é uma *imago mundi*, o centro do Império: as quatro portas representam as quatro direções do espaço" (Eliade, 2011, p. 87). Esse fato marcou a criação de uma nova fase no islamismo, com uma política expansionista ainda mais ampla, conforme os temas abordados no capítulo anterior a respeito do controle de Constantinopla pelo Império Otomano, no século XV, e de derrotas como a perda da Península Ibérica para os cristãos, em 1492. Essa época, portanto, apresenta duas faces distintas: os triunfos na Ásia e na África e as perdas no território europeu.

O islamismo se expandiu, o que conduziu a uma divisão mais acentuada da *ummah*, gerando certo radicalismo entre alguns muçulmanos, bem como reprovação por parte de outros. Cada vez mais o Império Muçulmano buscava uma nova dimensão, em que conquistar e converter povos era uma das tarefas primordiais para os califas que se encontravam à frente dos exércitos muçulmanos. O Império Otomano é um bom exemplo disso, pois expandiu suas fronteiras até derrubar o último ponto cristão da Ásia, Constantinopla. Isso marcou o fim de uma era e a entrada em um novo tempo.

No Mapa E, disponível no Caderno de Mapas, é possível observar a extensão da expansão muçulmana tanto na Península Arábica quanto fora dela. Como bem indica Eliade (2011, p. 69), "o poder de um gênio religioso" foi capaz de criar e dar bases para uma religião tão universalista.

De acordo com Le Goff e Schmitt (2006, p. 662), o contato entre Ocidente e Oriente trouxe um importante aporte de conhecimento para os ocidentais:

> A importância cultural do movimento das traduções é considerável: acompanhou e estimulou o crescimento intelectual da Europa nos séculos XII e XIII; fundou em larga medida a modernidade do pensamento, contribuindo para provocar na Europa um desenvolvimento cultural verdadeiramente revolucionário. [...] Desenvolvendo a ideia de progresso e a preocupação com as aplicações técnicas da ciência, o Ocidente

tirou o melhor partido das inovações que conheceu por intermédio do mundo árabe, ou em todo caso paralelamente a ele (papel, números "árabes" e uso do zero, bússola e cartografia, pólvora...), valendo-se delas para dar suporte a um desenvolvimento cumulativo que o colocaria rapidamente em posição de superioridade em relação ao Dar al-Islam. O momento decisivo da assimilação das ciências e técnicas emprestadas do mundo árabe foi certamente o século XII, época de Frederico II. Para Roger Bacon, a filosofia era domínio por excelência dos gregos e árabes, e a Cristandade recebeu-a quase que totalmente deles. Para os eruditos de meados do mesmo século, a discussão das próprias realidades teológicas não se podia fazer senão em termos da filosofia árabe.

Cabe, ainda, salientar o alcance e o apelo do islamismo na atualidade, levando grande número de jovens a se converterem para praticar sua fé. Infelizmente, há aqueles que distorcem a religião para justificar atrocidades históricas. Quando realizamos a análise e o estudo do mundo árabe, devemos levar em consideração o grande conhecimento científico e artístico que esse povo tem, visto que são coisas que nos influenciam até hoje.

É relevante também ressaltar o fascínio exercido pela experiência religiosa de Maomé, que, por meio de um imenso poder de pregação, carisma e humildade, arrebatou e ainda arrebata milhões de fiéis.

Síntese

Demonstramos, neste capítulo, a importância das fontes e da historiografia árabes, que fornecem dados mais amplos sobre esse povo e sua religião, despidos do olhar (muitas vezes) preconceituoso do Ocidente.

Abordamos, na sequência, o surgimento do profeta Maomé no século VII e o desenvolvimento de seu movimento religioso. Vimos que o islamismo, desde seu surgimento, apresentou características distintas com relação a outras religiões. Por essa razão, entendemos a *jihad* e suas consequências, entre as quais está a expansão muçulmana. Também esclarecemos as diferentes características desse povo que vive sob a égide de uma religião.

Para enriquecer o texto, apresentamos várias fontes e contamos com o aporte teórico de grandes especialistas em Oriente, como Bernard Lewis e Albert Hourani, Peter Demant e Mircea Eliade, especialistas em História das Religiões.

Indicações culturais

Filme

A MENSAGEM. Direção: Mustafah Akkad. EUA: Tarik Film, 1976. 178 min.

Esse filme narra a história de Maomé após sua revelação em Meca e sua luta contra a elite em reação aos cultos pagãos. Também mostra batalhas importantes vencidas pelo profeta, sua fuga para Medina e seu triunfo sobre Meca. Retrata a devoção dos primeiros muçulmanos ao profeta e a Alá. É, sem dúvida, uma ótima produção para compreender melhor a caminhada desse homem rumo à construção de uma das religiões mais populares do mundo.

Livro

NASR, H. **Tradução do sentido do nobre Alcorão para a língua portuguesa**. Medina: Complexo de Impressão do Rei Fahd, 2005.

Trata-se da tradução para língua portuguesa do livro sagrado dos muçulmanos, o nobre *Alcorão*, composto de 114 capítulos (ou suras), os quais representam, cada um, um degrau para o fiel alcançar Alá.

Ao contrário do que se possa imaginar, o livro sagrado dos muçulmanos refere-se a todos os assuntos que envolvem a vida do crente, desde normas e regras de convívio entre os indivíduos até condutas relacionadas à *jihad*. Portanto, a obra trata da higiene do fiel, do casamento, dos filhos, da educação, do comportamento, isto é, de tudo que possa interferir na conduta do muçulmano.

Atividades de autoavaliação

1. Considere as afirmativas a seguir referentes à *jihad* e classifique-as como verdadeiras (V) ou falsas (F).
   ( ) Há o estabelecimento de regras sobre como conduzir a *jihad*.
   ( ) A *jihad* permite levar o islã somente para os árabes.
   ( ) A *jihad* era uma espécie de lei escrita por Maomé.
   ( ) Os primeiros califas eram contrários à *jihad*.
   ( ) A prática da *jihad* está expressa no *Corão*.

   Agora, assinale a alternativa que corresponde à sequência correta:

   a) V, V, F, F, V.
   b) F, V, F, V, V.
   c) V, F, F, V, F.
   d) V, F, V, F, V.

2. Assinale a alternativa que identifica corretamente o significado de *hadith*:
   a) Leis, mitos e histórias da vida de Maomé transmitidos oralmente.
   b) Normas para conduzir as crianças muçulmanas.
   c) Uma das formas antigas de pronunciar *Alá*.
   d) Uma das esposas de Maomé.

3. A respeito dos grupos nos quais a ummah se dividiu após a morte do profeta Maomé, analise as afirmativas a seguir.
   I) A ummah se dividiu em três grupos apenas, que são: xiitas, sunitas e carijitas.
   II) Os xiitas são o grupo mais numeroso entre os fiéis do islamismo.
   III) Os sunitas são considerados os descendentes do verdadeiro califa, Ali.
   IV) Os carijitas formavam o grupo que defendia que a comunidade é que devia escolher seu líder.

   Estão corretas as afirmativas:

   a) II, III e IV.
   b) I, II e IV.
   c) I e III.
   d) I e IV.

4. Indique se as afirmações a seguir são verdadeiras (V) ou falsas (F).
   ( ) O islamismo não permite a conversão de povos que não sejam de origem árabe.
   ( ) O *Corão,* ou *Alcorão,* é o livro sagrado dos muçulmanos.
   ( ) O islã trata de uma nação basicamente árabe.
   ( ) Maomé nasceu em Meca, por volta de 570.
   ( ) *Yathrib* se tornou Medina após a hégira.

   Agora, assinale a alternativa que corresponde à sequência correta:

   a) F, F, F, V, V.
   b) V, F, F, F, V.
   c) F, V, F, V, V.
   d) V, V, V, F, F.

5. A respeito do islamismo, é **incorreto** afirmar:
   a) Maomé é o principal profeta do islamismo.
   b) Alá é considerado o único Deus no islamismo.
   c) As mulheres no islamismo têm os mesmos direitos dos homens.
   d) O *Corão* cita vários profetas cristãos, por isso tem uma base judaica.

Atividades de aprendizagem

Questões para reflexão

1. Pesquise na internet uma tradução do *Corão*. Depois, procure no livro sagrado dos muçulmanos alguns trechos que estejam relacionados à *Jihad*. Esse exercício irá auxiliá-lo na compreensão de uma fonte, além de colocá-lo em contato com um texto sagrado.

2. Bernard Lewis (1996, 2004) e Mircea Eliade (2011) analisam a ação de Maomé no mundo árabe. Elabore um texto relacionando a visão de cada autor sobre o islamismo e apresentando pontos negativos e positivos na perspectiva de cada um deles. Para isso, você pode criar um quadro utilizando a ferramenta **Padlet**[11]. Por fim, compartilhe com seus colegas sua análise, a fim de que possam contribuir com os pontos negativos e positivos identificados por eles.

---

11 PADLET. Disponível em: <https://pt-br.padlet.com/>. Acesso em: 10 jul. 2024.

Atividade aplicada: prática

1. Leia o Anexo 8 e, com base nessa leitura, realize uma comparação das informações apresentadas neste capítulo com a visão dos árabes a respeito dos europeus. Elabore uma comparação reflexiva, apontando os pontos positivos e negativos percebidos pelos árabes.

Considerações finais

Finalizamos nossa análise com uma reflexão sobre o período de mudanças sociais e políticas aqui abordado. A Idade Média, nascida da desestruturação do Império Romano do Ocidente, foi, antes de tudo, uma era de conflitos políticos, sociais, econômicos e religiosos, que acarretou mudanças no modo de o homem medieval pensar e ver o mundo ao seu redor. Certamente, você pôde constatar, ao longo dos capítulos desta obra, que a riqueza de detalhes cria as representações do imaginário que povoam os dias atuais referentes à medievalidade.

Em um primeiro momento, tratamos da entrada dos povos recém-chegados vindos de todas as regiões do *limes* romano, ávidos por construir e demarcar seus territórios perante outros grupos, bem como do surgimento de um reino que prevaleceu sobre os demais: o reino dos Francos.

> Por outro lado, o período com que nos ocupamos viu desenvolverem-se no Ocidente as fases mais ou menos ásperas de um conflito entre dois poderes, de um confronto cuja melhor expressão encontra-se nas fórmulas gelasianas. Poder profano, sustentado pelas 'leis', poder daqueles cuja missão é reafirmar essas leis e fazer com que sejam respeitadas, pelos modos de comportamento tradicional, [...]. Poder sagrado cuja autoridade anima e sustenta a infatigável ação dos sacerdotes [...]. (Duby, 1989, p. 14)

A Igreja se estabeleceu como força pulsante na medievalidade, mas encontrou oposição dos imperadores e reis, que frequentemente rivalizavam para controlar os poderes instituídos (espiritual e temporal) (Souza; Barbosa, 1997, p. 30-37). Desse conflito, nasceram teorias políticas e tratados teológicos, tais como *O príncipe*, de Maquiavel, e *Dictatus Papae, de* Gregório VII. Como é possível perceber, nesse período havia uma sociedade erudita e ativa, ao contrário do que muitos já afirmaram. Nossa intenção foi, desde o início, permitir que você se libertasse de possíveis preconceitos para viajar no tempo e identificar como essa sociedade era infinitamente diversificada tanto socialmente quanto politicamente.

Os conflitos ou guerras que surgiram tinham um fundo político e expansionista que marcou de modo decisivo a mentalidade bélica dos "recém-chegados". Desde as batalhas no Período Franco até as Cruzadas, séculos depois, manteve-se a mesma ansiedade pela guerra.

Nesta obra, também nos dedicamos a Maomé e à expansão islâmica, um movimento que se iniciou no século VII e ainda se encontra presente e ativo na atualidade. Com base na visão de Lewis (1996, 2004) e Hourani (1994), entre outros autores, entendemos um pouco sobre quem é o muçulmano e sua forma de *religare*[1] a Alá, ou seja, a Deus. Além disso, explicamos a importância da *Jihad* para esse grupo e analisamos o encontro do Ocidente com o Oriente, que conta com um processo contínuo de trocas culturais. O perceber o outro se modifica ao longo do processo, as culturas se mesclam e se fundem em alguns momentos. Conferir fontes árabes é essencial para dar o

---

1 *"Garantir uma proveniência pelas etimologias. A melhor ilustração disso seria dada pela diferença a respeito das duas fontes etimológicas possíveis da palavra* religio*: a)* relegere, *de* legere *('colher, juntar'), tradição ciceroniana que prossegue até W. Otto, J,-B. Hofmann, Benveniste; b)* religare, *de* ligare *('ligar, religar'). Essa tradição iria de Lactânio e Tertuliano a Kobbert, Ernout-Meillet, Paul-Wissowa" (Derrida, 2000, p. 50).*

lugar de fala ao muçulmano e, principalmente, aos preceitos que se tornam sua essência.

Ao longo dos quatro capítulos que compõem este livro, examinamos a vida social medieval, com a composição de grupos sociais que estavam ligados pelo estabelecimento de relações interpessoais. A historiografia utilizada nas páginas desta obra não são, de maneira alguma, um esgotamento do grande número de produções que temos sobre a medievalidade. Aqui apenas apresentamos uma base para futuros estudos medievais que podem ser inseridos para complementar ou ampliar nossa análise. Isso tudo foi ratificado por várias obras de cunho religioso (eclesiástico), que elucidam a trifuncionalidade como um ato divino, a qual é reforçada e autorizada por "Deus". No Anexo 7, Georges Duby demonstra essa divinização das relações sociais de dependência. Contudo, devemos lembrar que a historiografia contemporânea questiona o sistema tri por razões bem óbvias: a burguesia que surge não se adéqua de maneira alguma a essa trifuncionalidade feudal, uma vez que seus membros são dinâmicos e ativos em um contexto comercial e ambicioso.

Com isso, entendemos ter alcançado nosso objetivo: fornecer a você, leitor, uma base histórica da medievalidade, com a abordagem de fontes históricas medievais fundamentadas em uma historiografia clássica e contemporânea dos estudos medievais. Assim, esperamos ter proporcionado uma proveitosa reflexão crítica e que suscita questionamentos sobre esses homens e mulheres que viveram de maneira tão intensa a fé, a política e as relações interpessoais no período medieval. Oportunizar a base para pesquisas futuras é a principal intenção desta obra, bem como dar o suporte inicial para pesquisas historiográficas mais profundas sobre a medievalidade.

Cibele Carvalho

Glossário

Base linguística: tronco comum de uma protolíngua.

Chefes tribais: líderes dos guerreiros, com poderes sob todo o grupo; geralmente, eram os guerreiros mais experientes.

Comitatus: sistema de organização em períodos de guerra em que guerreiros eram convocados para realizar a defesa do líder e de sua tribo.

Concílio: reunião dos cardeais, bispos e arcebispos com o intuito de decidir os caminhos da Igreja sobre aspectos administrativos, religiosos e políticos.

Conduta ilibada: é aquela marcada pela honra e da qual não se depreendem manchas ou falhas de caráter

Cruzadas: movimentos de guerra de cristãos contra aqueles que eram considerados infiéis. Várias Cruzadas ocorreram entre os séculos XI e XIII, todas, porém, sem muito êxito para os cristãos.

Desagregação do Império Romano do Oriente: conceito utilizado por especialistas para designar o período que se estende do século III ao V, quando houve a queda de Roma.

Édito: documentos promulgados por imperadores ou papas. Tais escritos determinavam questões relevantes à sociedade.

Estados Nacionais: caracterizados por sociedades de governo centralizado que configuram uma nação e apresentam uma cultura comum. Os Estados Nacionais confundem-se com as Monarquias Nacionais, nas quais o monarca se torna soberano e governa com autoritarismo.

Hegemonia: superioridade ou domínio de um grupo sobre outro(s).

Humanismo: movimento intelectual que surgiu na Europa durante a Renascença, inspirado na civilização greco-romana, que valorizava um saber crítico voltado para um maior conhecimento do homem e de uma cultura capaz de desenvolver as potencialidades da condição humana. Traz a ideia de um rompimento com o teocentrismo e a valorização do antropocentrismo.

Idade das Trevas: termo que historiadores de períodos mais remotos utilizavam para se referir à Idade Média. Hoje, no entanto, sabemos que se trata de um uso preconceituoso, geralmente por falta de conhecimento histórico sobre um período que foi extremamente profícuo, com várias invenções, criações e mudanças sociais.

Igreja medieval: instituição estruturada durante a Idade Média e que, a partir de 1054, ficou conhecida como *Igreja Católica Apostólica Romana do Ocidente*, tendo seu poder centralizado na figura dos papas, que disputaram intensamente o poder com imperadores e reis.

Iletrados: pessoas que não sabem ler e escrever. Os medievais assim chamavam os indivíduos da época que se enquadravam nessa categoria.

Islã: conjunto das sociedades que se ergueram sobre a base religiosa da fé islâmica.

Leigos: indivíduos que não faziam parte da instituição da Igreja medieval.

Leis germânicas: leis que regiam os comportamentos dos ditos *povos germânicos*; eram relativas à economia, à política e à sociedade.

Lenda: conceito que designa a construção oral ou escrita de histórias marcadas, geralmente, por mistérios e fantasias, utilizadas para explicar determinados acontecimentos. Para construir essas lendas, utilizam-se fatos reais e imaginários.

Letrados: termo utilizado pelos medievalistas para designar os homens que detinham a habilidade de ler e escrever.

Medievalista: termo que designa o estudioso do período compreendido entre os séculos V e XV. Para entender melhor o conceito de Idade Média associado à definição de *medievalista*, sugerimos a leitura da obra de Le Goff e Schmitt (2006, p. 537-551).

Mentalidades: corrente historiográfica surgida na França que aborda as fontes com uma visão crítica e reflexiva. Jacques Le Goff, Marc Bloch, Georges Duby e Fernand Braudel são alguns dos grandes representantes dessa nova forma de fazer história, em que a interdisciplinaridade é fundamental, ou seja, concilia-se a história com outras ciências para reconstruir o passado.

Pagãos: indivíduos que cultuavam várias divindades, muitas relacionadas à natureza. Tinham práticas livres, eram politeístas ou, até mesmo, não cultuavam divindade alguma.

Papa: chefe supremo da Igreja Católica Apostólica Romana, considerado herdeiro de Pedro, aquele que governa em nome de Deus.

Poder espiritual: refere-se aos assuntos relativos a Deus, os quais eram de responsabilidade da Igreja.

Poder temporal: diz respeito aos assuntos relativos à política, os quais pertenciam aos governantes (reis, imperadores, príncipes).

Politeístas: adeptos do sistema ou de uma crença religiosa em que se cultuam dois ou mais deuses ou divindades.

Potestas Papal: tentativa de centralização dos poderes nos papas durante a Idade Média.

Pré-sedentarização: momento de passagem de nômade para sedentário, quando os indivíduos se deslocavam com menos intensidade, mas não eram completamente fixados em determinada região.

Recém-chegados: designação dada pela historiografia mais atual para a migração realizada pelos povos que viviam fora dos limites do antigo território do Império Romano do Ocidente para seu interior a fim de formar seus reinos.

Região da Gália: área que compreende partes da França, da Bélgica e da Alemanha.

Ruralização: processo de migração das cidades para o campo. As cidades na Idade Média eram violentas e inseguras; no campo, as pessoas tinham a proteção dos senhores feudais.

Servo ou camponês: aquele indivíduo que tinha posição de servidão em relação ao seu senhor feudal. Os servos estavam ligados à terra, não podiam ser vendidos ou trocados, diferentemente do que ocorre no sistema de escravidão.

Sheikh: equivale ao padre ou pastor entre os cristãos. É um especialista em religião islâmica que realiza um período de estudo para adquirir esse título.

Simbólico: representação de um elemento que pode estar relacionado ao imaginário popular.

Teocentrismo: teoria que considera Deus o centro de todo o Universo, responsável pela criação de tudo o que existe. Isso era amplamente propagado na Idade Média.

Tribo: originalmente, grupo de indivíduos com ligações de parentescos.

Trifuncionalidade: termo que designa o fator de dependência entre os três grupos que compuseram a sociedade medieval. Um grupo dependia do outro para existir e se manter no poder, e cada um tinha uma função determinada.

Usura: palavra que designa a cobrança abusiva de juros pelos burgueses, que faziam empréstimos a terceiros e cobravam altas taxas sob o dinheiro emprestado.

Referências

ABREU, J. L. N. Sociedade urbana e conflitos sociais na Idade Média. **Mneme**, Caicó, v. 5, n. 11, p. 643-657, jul./set. 2004. Disponível em: <https://periodicos.ufrn.br/mneme/article/view/247>. Acesso em: 25 jun. 2024.

AGOSTINHO, S. **O De Excidio Vrbis e outros sermões sobre a queda de Roma**. Tradução do latim, introdução e notas de Carlota Miranda Urbano. Coimbra: CECH, 2010. (Coleção Autores Gregos e Latinos).

ALMEIDA, A. C. Pensando o fim da Idade Média: a longa Idade Média de Le Goff e a colonização da América de Baschet. **Revista Tempo de Conquista**, n. 7, jul. 2010. Disponível em: <http://revistatempodeconquista.com.br/documents/RTC7/ANACAROLINAALMEIDA.pdf>. Acesso em: 19 nov. 2023.

AMARAL, C. de O.; LISBÔA, J. **A historiografia medieval no Brasil**: de 1990 a 2017. Curitiba: Appris, 2019.

AMARAL, R. O bárbaro como construto: uma rediscussão historiográfica das migrações germânicas à luz dos conceitos de cultura, civilização e barbárie. **Revista de História Comparada**, Rio de Janeiro, v. 8, n. 2, p. 6-28, 2014. Disponível em: <https://revistas.ufrj.br/index.php/RevistaHistoriaComparada/article/view/1832>. Acesso em: 25 jun. 2024.

ANDERSON, P. **Passagens da Antiguidade ao Feudalismo.** Tradução de Beatriz Sidou. 5. ed. São Paulo: Brasiliense, 2004.

ANDRADE FILHO, R. de O. **Imagem e reflexo**: religiosidade e monarquia no Reino Visigodo de Toledo (séculos VI-VIII). São Paulo: Edusp, 2012.

ANTONIAZZI, A.; MATOS, H. C. J. **Cristianismo**: 2000 anos de caminhada. São Paulo: Paulinas, 1996.

ATLAS histórico escolar. Rio de Janeiro: FAE/MEC, 1986.

AZEVEDO, D. No Vaticano, o discurso religioso não esconde a luta pelo poder. **Carta Maior**, 19 mar. 2013. Disponível em: <http://www.cartamaior.com.br/?/Editoria/Internacional/No-Vaticano-o-discurso-religioso-nao-esconde-a-luta-pelo-poder/6/27719>. Acesso em: 30 ago. 2022.

BARBERO, A. **O dia dos bárbaros**: 9 de agosto de 378. Tradução de Maria Cecilia Casini. São Paulo: Estação Liberdade, 2010.

BARROS, M. F. L. de. O domínio masculino não foi sempre pacífico nem universalmente aceite: algumas notas sobre as mulheres na Idade Média. In: BORGES-DUARTE, I. (Org.). **Fios de memória**: Liber Amicorum para Fernanda Henriques. Ribeirão: Húmus, 2018.

BASTOS, M. J.; PACHÁ, P. H. Por uma negação afirmativa do ofício de medievalista! In: ENCONTRO INTERNACIONAL DE ESTUDOS MEDIEVAIS, 9., 2011, Cuiabá. **Anais...** Cuiabá: Abrem, 2011. p. 506-515.

BAUMGARTNER, M. **A Igreja no Ocidente**: das origens às reformas no século XVI. Tradução de Artur Mourão. Lisboa: Edições 70, 2001.

BLOCH, M. **A sociedade feudal.** Tradução de Emanuel Lourenço Godinho. Lisboa: Edições 70, 1992.

CARLAN, C. U. As invasões germânicas e o Império Romano: conflitos e identidades no baixo império. **História – Questões & Debates**, Curitiba, n. 48/49, p. 137-146, 2008. Disponível em: <https://revistas.ufpr.br/historia/article/download/15298/10289>. Acesso em: 25 jun. 2024.

CARLETTI, A. Ascensão e queda dos estados pontifícios. **Nerint**, 2010. Disponível em: <https://www.ufrgs.br/nerint/folder/artigos/artigo1082.pdf>. Acesso em: 19 nov. 2023.

COGGIOLA, O. **Islã histórico e islamismo político**. Instituto da Cultura Árabe, 2007. Disponível em: <https://icarabe.org/sites/default/files/pdfs/o_mundo_arabe_contemporaneo_-_aula_6_anexo_2.pdf>. Acesso em: 19 nov. 2023.

COSTA, R. da. Mulheres na Idade Média (520-1430). In: CAMPAGNOLO, A. C. (Org.). **Guia de bolso contra mentiras feministas**. Campinas: Vide, 2021. p. 33-39.

CRUZ, M. Gregório de Tours e Jordanès: a construção da memória dos 'bárbaros' no VI século. **Acta Scientiarum Education**, Maringá, v. 36, n. 1, p. 13-27, jan./jun. 2014. Disponível em: <http://educa.fcc.org.br/scielo.php?script=sci_abstract&pid=S2178-52012014000100003&lng=es&nrm=iso>. Acesso em: 25 jun. 2024.

DEMANT, P. **O mundo muçulmano**. São Paulo: Contexto, 2004.

DERRIDA, J. Fé e saber: as duas fontes da "religião" nos limites da simples razão. In: VATTIMO, G.; DERRIDA, J. (Org.). **A religião**: o seminário de Capri. São Paulo: Estação Liberdade, 2000. p. 11-90.

DOWLEY, T. **Os cristãos**: uma história ilustrada. Tradução de Marcelo Brandão Cipolla. São Paulo: M. Fontes, 2009.

DUBY, G. A catedral, a cidade, a escola. In: DUBY, G. **A Europa na Idade Média**. Tradução de Antonio de Padua Danesi. São Paulo: M. Fontes, 1992. p. 290-300.

DUBY, G. **As três ordens ou o imaginário do feudalismo**. Tradução de Maria Helena Costa Dias. Lisboa: Estampa, 1982.

DUBY, G. **Atlas Historique Mondial**. Paris: Larousse, 2003.

DUBY, G. **Guilherme Marechal**: ou o melhor cavaleiro do mundo. Tradução de Renata Janine Ribeiro. Rio de Janeiro: Graal, 1987.

DUBY, G. **Idade Média, idade dos homens**: Do amor e outros ensaios. Tradução de Jônatas Batista Neto. São Paulo: Companhia das Letras, 1989.

EINHARD. **Vida de Carlos Magno (c. 817-829)**. Tradução de Luciano Vianna e Cassandra Moutinho. Revisão e notas de Ricardo da Costa. Disponível em: <http://www.ricardocosta.com/traducoes/textos/vida-de-carlos-magno-c-817-829>. Acesso em: 19 nov. 2023.

ELIADE, M. **História das crenças e ideias religiosas**: de Maomé à Idade das Reformas. Tradução de Roberto Cortes de Lacerda. Rio de Janeiro: J. Zahar, 2011. v. 3.

ELIAS, N. **O processo civilizador**. Tradução de Ruy Jungmann. Rio de Janeiro: J. Zahar, 1993. v. 2: Formação do Estado e civilização.

FALBEL, N. **Heresias medievais**. São Paulo: Perspectiva, 1977.

FERNANDES, F. R. Cruzadas na Idade Média. In: MAGNOLI, D. (Org.). **História das guerras**. 3. ed. São Paulo: Contexto, 2006. p. 99-129.

FOUCAULT, M. **Microfísica do poder**. Tradução de Roberto Machado. Rio de Janeiro: Graal, 2011.

FRANCO JÚNIOR, H. **O feudalismo**. São Paulo: Brasiliense, 1983.

GANSHOF, F. L. **Que é o feudalismo?** Tradução de Jorge Borges de Macedo. São Paulo: Europa-América, 1978. (Coleção Saber).

GREGORII EPISCOPI TURONENSIS. Historiarum Francorum libri X. In: KRUSCH, B.; LEVISON, W. (Ed.). **Series**: scriptorum rerum Merovingicarum tomi 1 pars 1; Monumenta Germaniae Historica. Hannover: Hahn, 1951. p. 161-572.

HILL, J. **História do cristianismo**. Tradução de Raquel Kopit Cunha, Juliana A. Saad e Marcos Capano. São Paulo: Rosari, 2008.

HOURANI, A. H. **Uma história dos povos árabes**. Tradução de Marcos Santarrita. São Paulo: Companhia das Letras, 1994.

HUNT, L. **A nova história cultural**. Tradução de Jefferson Luiz Camargo. São Paulo: M. Fontes, 2001.

LANNES, S. B. de. **A formação do Império Árabe-Islâmico**: história e interpretações. 127 f. Tese (Doutorado em Economia Política Internacional) – Universidade Federal do Rio de Janeiro, Rio de Janeiro, 2013. Disponível em: <https://www.ie.ufrj.br/images/IE/PEPI/teses/2013/Suellen Borges de Lannes.pdf>. Acesso em: 25 jun. 2024.

LE GOFF, J. **A civilização do Ocidente medieval**. Tradução de José Rivair de Macedo. Bauru: Edusc, 2005.

LE GOFF, J. A função econômica: o fenômeno urbano do sistema feudal. In: LE GOFF, J. **O apogeu da cidade medieval**. Tradução de Antonio de Padua Danesi. São Paulo: M. Fontes, 1992a. p. 54-62.

LE GOFF, J. **As raízes medievais da Europa**. Tradução de Jaime A. Clasen. 3. ed. Petrópolis: Vozes, 2010.

LE GOFF, J. **Heróis e maravilhas da Idade Média**. Tradução de Stephania Matousek. Petrópolis: Vozes, 2011.

LE GOFF, J. **O apogeu da cidade medieval**. Tradução de Antonio de Padua Danesi. São Paulo: M. Fontes, 1992b.

LE GOFF, J. (Dir.). **O homem medieval**. Tradução de Maria Jorge Vitar de Figueiredo. Lisboa: Presença, 1989.

LE GOFF, J. **Os intelectuais na Idade Média**. Tradução de Marcos de Castro. 2. ed. Rio de Janeiro: J. Olympio, 2006.

LE GOFF, J. **Para uma outra Idade Média**: tempo, trabalho e cultura no Ocidente. Tradução de Thiago de Abreu e Lima Florêncio e Noéli Correia de Melo Sobrinho. 2. ed. Petrópolis: Vozes, 2013.

LE GOFF, J.; SCHMITT, J.-C. **Dicionário temático do Ocidente medieval**. Tradução de Hilário Franco Júnior. Bauru: Edusc, 2006. v. 1 e 2.

LEWIS, B. **A crise do islã**: Guerra Santa e terror profano. Tradução de Maria Lúcia de Oliveira. Rio de Janeiro: J. Zahar, 2004.

LEWIS, B. **Os árabes na história**. Tradução de Maria do Rosário Quintela. Lisboa: Estampa, 1996.

LIMA, M. P. O discurso do poder, saber jurídico e reforma papal: os casos de divórcio nas decretais do pontificado de Innocêncio III (1198-1216). **Mimesis**, Bauru, v. 27, n. 2, p. 69-96, 2006. Disponível em: <https://secure.unisagrado.edu.br/static/biblioteca/mimesis/mimesis_v27_n2_2006_art_04.pdf>. Acesso em: 25 jun. 2024.

LIVRO I, dos Gesta Francorum et aliorum Hierosolimitanorum ("Os feitos dos francos e de outros peregrinos de Jerusalém") – versão bilíngue. Tradução de Tiago Augusto Nápoli e Adriano Scatoli. **Translatio**, Porto Alegre, n. 19, p. 93-112, out. 2020. Disponível em: <https://seer.ufrgs.br/index.php/translatio/article/view/108894/59047>. Acesso em: 13 dez. 2023.

LLULL, R. **O livro da Ordem de Cavalaria**. Tradução de Ricardo da Costa. 2. ed. São Paulo: Raimundo Lúlio, 2010.

LOYN, H. R. (Org.). **Dicionário da Idade Média**. Tradução de Álvaro Cabral. Rio de Janeiro: J. Zahar, 1997.

MAALOUF, A. **As Cruzadas vistas pelos árabes**. Tradução de Pauline Alphene e Rogério Muoro. São Paulo: Brasiliense, 2001.

MACEDO, J. R. Conquistas bárbaras. In: MAGNOLI, D. (Org.). **História das guerras**. 3. ed. São Paulo: Contexto, 2006. p. 77-98.

MAMEDES, K. C. da. C. B. de M.; CRUZ, M. O poder das mulheres e a construção da memória na Antiguidade Tardia: o caso de Teodora e Clotilde. **Revista Mundo Antigo**, ano III, v. 3, n. 6, p. 27-48, dez. 2014. Disponível em: <http://www.nehmaat.uff.br/revista/2014-2/artigo01-2014-2.pdf>. Acesso em: 25 jun. 2024.

MAPS ETC. **Ottoman Empire at Fall of Constantinople, 1453**. Disponível em: <http://etc.usf.edu/maps/pages/1700/1787/1787.htm>. Acesso em: 19 nov. 2023.

MAQUIAVEL, N. **O príncipe**. Rio de Janeiro: Ediouro, 1980.

MARTINS, M. C. da S. Physica: uma das obras científicas de Hildegarda de Bingen. **Rónai – Revista de Estudos Clássicos e Tradutórios**, v. 8, n. 1, p. 3-18, 2020. Disponível em: <https://periodicos.ufjf.br/index.php/ronai/article/view/28175>. Acesso em: 25 jun. 2024.

MELO, T. P. de. Os infernos na 'Divina comédia' e nos afrescos da Capela Scrovegni: contatos entre Dante Alighieri e Giotto di Bondone no século XIV. **Téssera**, Uberlândia, v. 3, n. 2, p. 40-55, jan./jun. 2021. Disponível em: <https://seer.ufu.br/index.php/tessera/article/view/58753>. Acesso em: 25 jun. 2024.

MENEZES JUNIOR, E. A. de. **O Estado feudal e as relações de poder senhorio-campesinato no reino da França (1180-1226).** 53 f. Dissertação (Mestrado em História Social) – Universidade Federal Fluminense, Niterói, 2019. Disponível em: <https://app.uff.br/riuff/handle/1/28113>. Acesso em: 25 jun. 2024.

MOREIRA, A. da S. (Org.). **Herança franciscana**. Petrópolis: Vozes, 1996.

OLIVEIRA, L. da M. **Marguerite Porete e as Beguinas**: a importante participação das mulheres nos movimentos espirituais e políticos da Idade Média. 124 f. Dissertação (Mestrado em História) – Universidade de Brasília, Brasília, 2018. Disponível em: <http://www.realp.unb.br/jspui/handle/10482/33093>. Acesso em: 25 jun. 2024.

PATROLOGIA Latina, v. 148, 407-408. Disponível em: <http://pld.chadwyck.co.uk/all/fulltext?ACTION=byid&ID=Z000142747&WARN=N&TOCHITS=N &ALL=Y&FILE=../session/1216775398_25124>. Acesso em: 7 jul. 2022.

PEDRERO-SÁNCHEZ, M. G. **História da Idade Média**: textos e testemunhas. São Paulo: Ed. da Unesp, 2000.

RÉMOND, R. (Org.). **Por uma história política**. Tradução de Dora Rocha. Rio de Janeiro: Ed. da UFRJ/FGV, 1996.

REZAKHANI, K. et al. Decolonizar a historiografia medieval: introdução à 'História da historiografia medieval – novas abordagens'. **História da Historiografia**, Ouro Preto, v. 13, n. 33, p. 19-37, maio/ago. 2020. Disponível em: <https://www.historiadahistoriografia.com.br/revista/article/view/1671>. Acesso em: 25 jun. 2024.

ROBINSON, C. F. **Islamic Historiography**. Cambridge: Cambridge University Press, 2003.

RUST, L. D. **Colunas de São Pedro**: a política papal na Idade Média central. São Paulo: Annablume, 2011.

SAID, E. **Orientalismo**: o Oriente como invenção do Ocidente. Tradução de Tomás Rosa Bueno. São Paulo: Companhia das Letras, 1996.

SILVA, A. C. L. F. A Reforma Gregoriana e o Bispado de Santiago de Compostela segundo a história compostelana. **Anuario Brasileño de Estudios Hispánicos**, v. 10, 2000.

SILVA, D. G. G.; ALBUQUERQUE, M. da C. Bárbaros ou/vs romanos? Sobre identidades e categorias discursivas. **Mirabilia**, Vitória, v. 21, p. 345-359, jun./dez. 2015. Disponível em: <https://ddd.uab.cat/record/145935>. Acesso em: 25 jun. 2024.

SILVA, G. V. da. O fim do Mundo Antigo: uma discussão historiográfica. **Mirabilia**, v. 1, p. 57-71, dez. 2001. Disponível em: <https://dialnet.unirioja.es/descarga/articulo/2226876.pdf>. Acesso em: 19 dez. 2023.

SILVA, M. C. da. **A realeza cristã na Alta Idade Média**: os fundamentos da autoridade pública no período merovíngio (séculos V-VIII). São Paulo: Alameda, 2008.

SOCIEDADE estamental. Disponível em: <https://www.todamateria.com.br/sociedade-estamental/>. Acesso em: 13 dez. 2023.

SOUZA, J. A. de C. R. de; BARBOSA, J. M. **O reino de Deus e o reino dos homens**: as relações entre os poderes espiritual e temporal na Baixa Idade Média – da Reforma Gregoriana a João Quidort. Porto Alegre: EDIPUCRS, 1997.

TUDO É HISTÓRIA. **Feudalismo**. Disponível em: <https://sites.google.com/site/historia1958/feudalismo>. Acesso em: 20 set. 2016.

VERGER, J. **Homens e saber na Idade Média**. Tradução de Carlota Boto. Bauru: Edusc, 1999.

VEYNE, P. (Org.). **História da vida privada**: do Império Romano ao ano mil. Tradução de Hildegard Feist. São Paulo: Companhia das Letras, 2009. v. 1.

VIDAL-NAQUET, P.; BERTIN, J. **Atlas histórico**: da Pré-História aos nossos dias. Tradução de Geminiano Cascais Franco e Maria Nóvoa. Lisboa: Circuito de Leitores, 1990.

WICKHAM, C. **Europa medieval**. Tradução de Marian Toldy e Teresa Toldy. Lisboa: Edições 70, 2019.

WOODS JR., T. E. **Como a Igreja Católica construiu a Civilização Ocidental**. Tradução de Élcio Carillo. 10. ed. São Paulo: Quadrante, 2019.

Bibliografia comentada

DOWLEY, T. **Os cristãos**: uma história ilustrada. Tradução de Marcelo Brandão Cipolla. São Paulo: M. Fontes, 2009.

Essa obra aborda o cristianismo desde sua origem. A análise parte de iconografias sobre os cristãos produzidas ao longo da história. Tim Dowley interpreta o crescimento do cristianismo e sua repercussão para a sociedade da época com uma visão concisa e crítica. Trata-se de um ótimo livro para conhecer a história dos cristãos, desde Jesus Cristo até a propagação da ideologia pelo mundo afora. É também uma oportunidade para aproveitar a riqueza iconográfica que caracteriza a obra.

ELIADE, M. **História das crenças e ideias religiosas**: de Maomé à idade das reformas. Tradução de Roberto Cortes de Lacerda. Rio de Janeiro: J. Zahar, 2011. v. 3.

Essa obra é o terceiro volume da série *História das crenças e das ideias religiosas*. Mircea Eliade, um dos maiores especialistas em história das religiões, discorre nessa coleção sobre a história das crenças e ideias religiosas do Ocidente e do Oriente, versando sobre suas influências para a história mundial. Nesse volume específico, sua análise se volta ao período que vai do século VII ao XVII. Um dos temas abordados é a ação de Maomé, com importantes reflexões sobre o movimento religioso iniciado por ele, considerando-se a relevância do profeta para seus fiéis e as influências que ele recebeu para organizar seu movimento. É, sem dúvida, uma obra essencial para quem procura saber mais sobre as religiões antigas e sua normatização.

LE GOFF, J. **A civilização do Ocidente medieval**. Tradução de José Rivair de Macedo. Bauru: Edusc, 2005.

Essa é uma obra essencial para aqueles que buscam entender um pouco melhor os acontecimentos do período medieval na Europa ocidental. Jacques Le Goff, considerado um dos maiores medievalistas de todos os tempos, discorre de forma primorosa sobre os primórdios da formação da sociedade medieval até meados do século XV, relatando acontecimentos da formação da sociedade cristã até a estagnação de sua economia. Cabe aqui registrar que Le Goff foi um dos principais apoiadores da "história-problema", visto que empregou uma gama significativa de fontes e utilizou elementos de outras ciências para compor seus estudos.

MAALOUF, A. **As Cruzadas vistas pelos árabes**. Tradução de Pauline Alphene e Rogério Muoro. São Paulo: Brasiliense, 2001.

Esse livro se configura como uma coletânea de fontes medievais árabes que apresentam uma nova perspectiva sobre as Cruzadas. Trata-se de uma obra de suma importância para compor uma visão mais ampla do conflito. A maior parte das fontes culturais sobre as Cruzadas foi elaborada pelos cruzados ou por membros da Igreja; portanto, analisar fontes escritas de outro prisma do conflito (no caso, o dos árabes) é de grande valia. Amin Maalouf recorre a diversos textos árabes sobre as Cruzadas e ainda realiza uma reflexão sobre esse movimento, o que faz de sua obra extremamente rara. Os cronistas árabes são bem detalhistas na percepção daqueles homens que se vestiam com túnicas ornamentadas com uma cruz. Certamente, essa obra é uma das mais importantes sobre esse movimento cristão contra os muçulmanos. A escrita é clara e objetiva na análise das fontes medievais.

PEDRERO-SÁNCHEZ, M. G. **História da Idade Média**: textos e testemunhas. São Paulo: Ed. da Unesp, 2000.

Trata-se de uma coletânea de fontes, em ordem cronológica de acontecimentos, com excertos de obras medievais e documentos oficiais e não oficiais que retratam o universo medieval. Abrange o período que se inicia com a desagregação do Império Romano e vai até a queda do Império Bizantino. É uma obra que permite o contato introdutório de pesquisadores com as fontes medievais. Apresenta trechos de fontes de grande relevância para a construção da Idade Média e a compreensão dos fatos e acontecimentos que marcaram esse período. A leitura dessas fontes permite compreender o desenvolvimento da história de uma maneira cronológica e sistemática.

Caderno de mapas[1]

Mapa A – Reinos germânicos

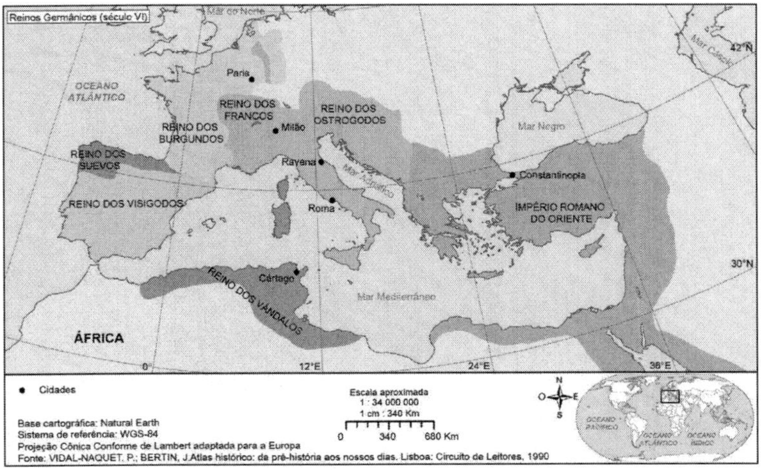

Rhaíssa Viana Sarot

Fonte: Vidal-Naquet; Bertin, 1990, p. 57.

1 *As fontes citadas nesta seção se encontram na seção Referências.*

Mapa B – Tratado de Verdun (843)

Rhaíssa Viana Sarot

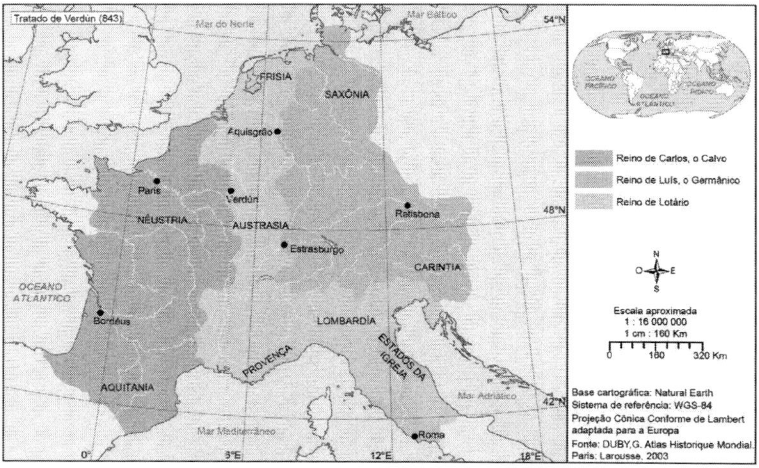

Fonte: Duby, 2003, p. 36.

Mapa C – Europa no século XI

Rhaíssa Viana Sarot

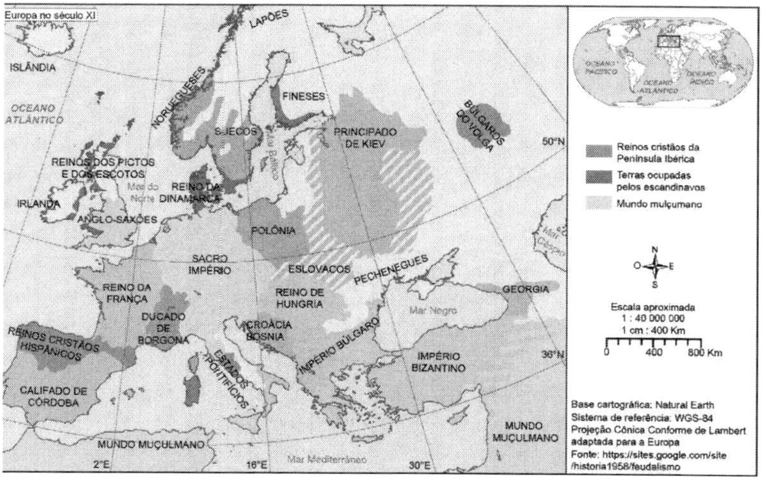

Fonte: Tudo é História, 2016.

Mapa D – Expansão islâmica (século VII ao VIII)

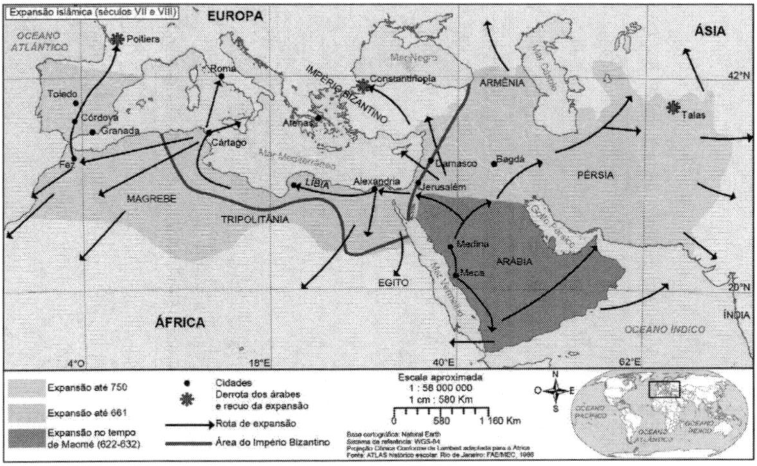

Fonte: ATLAS histórico escolar, 1986, p. 47.

Mapa E – Império Otomano (século XV ao XVII)

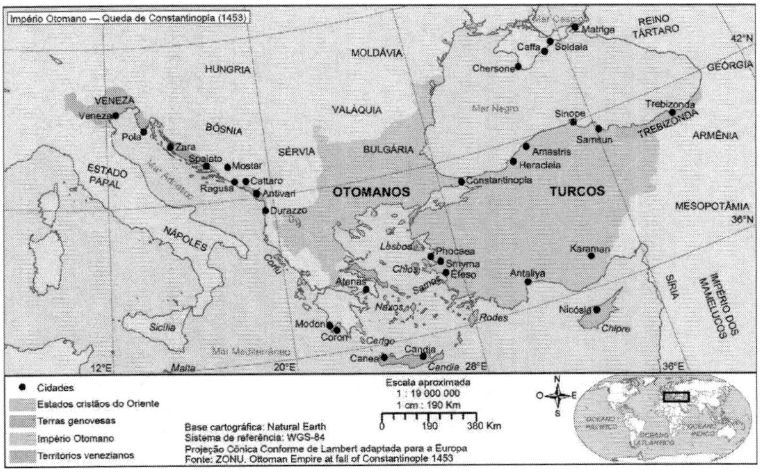

Fonte: Maps Etc, 2023, tradução nossa.

Rhaíssa Viana Sarot

Anexos

Anexo 1 – Vida de Carlos Magno

Prefácio

Desde que me propus narrar tanto a vida pública e privada quanto os feitos de meu senhor e pai de criação, o mais recatado e recentemente purificado rei Carlos, condensei o mais breve possível os acontecimentos.[1] Assim, fui cuidadoso em não omitir nenhum fato que chegasse ao meu conhecimento sem ser prolixo ou ofender as mentes que desprezam tudo o que é moderno, se é que é possível que alguém pudesse deixar de se ofender com um trabalhador novato que parece desprezar tanto as obras-primas da Antiguidade quanto os trabalhos dos escritores mais experientes e iluminados.

Muitos deles, sem dúvida, são homens devotados a uma vida letrada e calma, e sentem que os casos da geração atual não devem ser ignorados; não consideram tudo o que é feito hoje indigno de ser mencionado e que merece estar acima do silêncio e do esquecimento. Apesar disso, são seduzidos pela luxúria da imortalidade, pois celebram os gloriosos feitos dos tempos de outrora com algum

---

1 *Ou, incorretamente, Eginhard (ou Eginhardo). "Seus estudos no mosteiro de Fulda e sua aplicação fizeram com que o abade Baugulf o enviasse à corte de Carlos Magno, onde sua educação foi concluída na Escola do Palácio. Teve como um de seus mestres Alcuíno de York (735-804), que testemunhou seu notável talento para a Matemática e a Arquitetura. Logo se destacou como conselheiro do imperador. Carlos Magno encarregou-o de construir a catedral de Aix-la-Chapelle e os palácios de Aix-la-Chapelle e Ingelheim, quando ficou conhecido nos círculos reais como Beseleel. O imperador também se valeu de sua prudência e de seu tato para enviá-lo em várias missões diplomáticas. Assim, em 802 colocou em suas mãos as negociações para a troca de reféns saxões, e em 806 foi enviado a Roma para obter a aprovação papal para a divisão do império decidida pelo imperador. Durante o reinado de Luís, o Pio (778-840), manteve sua posição de confiança, e provou ser um fiel conselheiro do filho de Luís, Lotário (818-855). No entanto, foi mal-sucedido em estabelecer a sucessão real por causa da imperatriz Judith da Baviera. Incapaz de reconciliar Luís e seus filhos, Einhard se retirou em 830 para Mühlheim, propriedade concedida em 815 (além de outras) como um sinal do favor imperial. Transferiu as relíquias de São Marcelino e São Pedro, e chamou o lugar de Seligenstadt. Além disso, entre 831 e 834 estabeleceu ali uma abadia beneditina, onde, após a morte de sua esposa, Emma (ou Imma), irmã do bispo Bernhar (e não a filha de Carlos Magno), ingressou no mosteiro, ou como padre ou como monge. Seu epitáfio foi escrito por Rábano Mauro. O mais importante [...] [trabalho] de Einhard é o* Vita Caroli Magni, *a melhor biografia do período. Escrita de forma a copiar o estilo de Suetônio (particularmente sua* Vita Augusta*), ela mostra o imperador em uma visão bastante íntima, com uma tentativa de estabelecer um retrato fiel de Carlos Magno. Escrito elegantemente, porém não muito culto". In: Catholic Enciclopedia.*

tipo de composição ao invés de privar a posteridade da menção de seus próprios nomes e não escrever nada.

Seja como for, não vejo nenhuma razão para me abster de me inscrever em uma tarefa desse gênero, já que nenhum homem pode escrever melhor e mais precisamente que eu os eventos que aconteceram comigo e os fatos relativos a eles que tive conhecimento ou ainda, como diz o ditado, o que vi com meus próprios olhos.

Assim, não tenho a intenção de averiguar se mais alguém tem conhecimento desse assunto ou não. Em qualquer evento eu preferiria comprometer a escrita da minha história e registrar para a posteridade uma parceria com outros autores do que perder e envolver na escuridão do esquecimento a vida mais gloriosa do rei mais excelente e mais maravilhoso de todos os príncipes de seu tempo e seus ilustres feitos, difíceis para homens de gerações futuras imitarem.

Mas em minha opinião há outras razões, sem desculpas ou motivos insuficientes, que me incitaram a escrever sobre esse assunto: o cuidado que o rei Carlos outorgou a mim em minha infância e minha constante amizade a ele e a seus filhos depois que passei a ter minha moradia na corte. À sua maneira, ele me atraiu fortemente e me fez ser seu devedor na vida e na morte.

Assim, lá estava eu, sem os cuidados dos benefícios conferidos a mim e mantendo silêncio a respeito dos mais gloriosos e ilustres feitos de um homem que exigiu tanto de minhas mãos e sofreu sua vida privando-se de elogios justos e de um memorial escrito como se nunca tivesse vivido. Merecidamente eu deveria parecer ingrato. Não obstante, considerando meus fracos e limitados poderes, próximos à irrealidade e não adaptados à escrita, farei seguir adiante uma *Vida* que irá ultrapassar a eloquência de um Túlio.[2]

---

2 *Einhard se refere a Marco Túlio Cícero (106 a.C. – 43 a.C.), cônsul e o maior dos oradores romanos. [...]*

Assim submeto este livro. Ele contém a história de um grande e distinto homem. Contudo, não há nada aqui para enaltecê-lo além de seus feitos, exceto pelo fato que eu, um bárbaro muito pouco versado na língua romana, suponho ser capaz de escrever em um latim gracioso e respeitavelmente carregar minha presunção tão longe, desdenhando o sentimento que Cícero, citado no primeiro livro das *Disputas dos Tusculões*[3], expressou quando falou dos autores latinos.

Suas palavras são: "– Um homem comete um abuso ultrajante a seus pensamentos no tempo e na literatura quando sua escrita não tem a habilidade de arranjá-los e esclarecê-los e não atrai leitores com charme ou estilo." Esse ditado do famoso orador deveria ter me impedido de escrever se eu não tivesse a certeza que é melhor arriscar-me perante as opiniões do mundo e colocar em teste meus pequenos talentos para a composição do que me desocupar e desprezar a memória de um homem tão grandioso.

A vida do Imperador Carlos

I. A família merovíngia

Diz-se que a família merovíngia, de onde os francos costumavam escolher seus reis, durou até os tempos de Childerico[4], o mesmo que foi destituído, tosquiado e impelido para um mosteiro por ordem do pontífice Estevão.[5]

Porém, as aparições externas já haviam acabado com ele, pois há muito tempo ele estava sem sua força vital. Isso era visível somente

3 *Disputationes Tusculanae, obra escrita em 45 a.C. [...]*

4 *Childerico III, rei dos francos (†755).*

5 *Einhard se refere ao papa Estêvão (II ou III, 752-757), mas, na verdade, foi o papa Zacarias (741-752) quem ordenou a deposição de Childerico III, em março de 752, Estevão II, seu sucessor, confirmou ou mandou executar a ordem, coroando Pepino a 28 de julho de 754.[...]*

através de seu comportamento e de seu epíteto real vazio, pois o poder real e a autoridade no reino se encontravam nas mãos de um oficial chefe da corte chamado *majordomus*; ele era o responsável pelos contatos.[6] Não havia nada mais para o rei fazer a não ser se contentar com seu título de rei, com seus cabelos cacheados e sua longa barba[7] e sentar-se no seu trono e atuar como soberano, ouvir os embaixadores que vinham de todos os cantos e dispensá-los, como se isso fosse de sua própria responsabilidade, com palavras que eram, de fato, sugeridas ou até mesmo impostas a ele.[[8]]

Ele não tinha nada que pudesse declarar como próprio a não ser seu vaidoso título de rei e o precário e discreto apoio permitido pelo *majordomus*, além de um simples trono no país que trouxe a ele um pequeno rendimento. Ali havia uma casa e um pequeno número de serventes anexos a ela, suficientes para exercer os trabalhos necessários. Quando tinha de ir ao exterior, usava uma carroça de carga, dirigida por bois, de estilo rústico e conduzida por um lavrador. Dessa forma, ele viajava para o castelo e para a assembleia do povo que se reunia uma vez por ano para o bem-estar do reino, e depois retornava para sua casa. O *majordomus* ficou encarregado do governo e de tudo que tinha que ser planejado ou executado em seu país ou fora.[9]

---

6 *Isto é, a chamada recomendação do vassalo a seu futuro senhor.*

7 *Os reis merovíngios eram conhecidos como reis com crina (rex crinitus); "rei Sansão com crina, seguido de villa em villa por alguns escribas, escravos domésticos e uma guarda de antrustiões (voluntários a serviço do príncipe)." – LE GOFF, Jacques. A civilização do ocidente medieval. Lisboa: Editorial Estampa, 1983, vol. I, p. 60.*

8 *Na produção de Vida de Carlos Magno, Einhard utilizou panfletos escritos por volta de 750 para difamar a dinastia Merovíngia.*

9 *Passagem do texto que mostra bem a profunda regressão econômica do período e a decadência do período final da dinastia merovíngia.*

II. Os ancestrais de Carlos Magno

No tempo da destituição de Childerico, Pepino [o Breve], pai de Carlos, outorgou essa função ao *majordomus* pelo direito de hereditariedade; o pai de Pepino, Carlos[10], recebeu a mesma função das mãos de seu pai, Pepino, e exerceu-a com distinção. Foi esse Carlos quem acabou com os tiranos que reivindicavam governar toda a terra dos francos como se fosse deles, e repeliu totalmente os sarracenos quando estes tentaram conquistar a Gália em duas grandes batalhas – uma na Aquitânia, próxima à cidade de Poitiers[11], outra no rio Berre, próximo a Narbona[12] – obrigando-os a retornar à Espanha. Essa honra era geralmente conferida a homens excelentes, por nascimentos ilustres e ampla riqueza.

Durante alguns anos, aparentemente abaixo do rei Childerico, pai do rei Carlos, Pepino dividiu amigavelmente com seu irmão Carlomano[13] os deveres herdados de seu pai e de seu avô. Mais tarde, porém, por razões desconhecidas, renunciou às pesadas tribulações de uma merecida coroa e se retirou para Roma. Ali, ele trocou sua vestimenta secular por uma batina e construiu um mosteiro em Oreste, próximo à igreja de São Silvestre, onde aproveitou por muitos anos a reclusão que desejava na companhia de outros que tinham o mesmo objetivo.

Contudo, tantos francos distintos fizeram peregrinação a Roma para cumprir os respeitos devidos a ele como seu antigo senhor que

---

10 *Trata-se do avô de Carlos Magno por linha paterna, chamado de Carlos Martel (715-741) pelos cronistas do século IX pelo fato dele gostar de lutar com um martelo, isto é, com uma maça.*

11 *Batalha de Poitiers, que ocorreu em 732.*

12 *Batalha que ocorreu em 759 e marcou definitivamente o fim da presença muçulmana em território franco [...].*

13 *Carlomano (†771), rei dos francos.*

o repouso que ele tanto amava foi quebrado por essas frequentes visitas, já que ele tinha se dirigido para ficar sem moradia fixa. Assim, quando percebeu que seus planos estavam frustrados por causa de seus inúmeros visitantes, ele abandonou a montanha e retirou-se para o mosteiro de São Bento, no monte Cassino, na província de Samnium, e passou o resto de sua vida lá no exercício da religião.[14]

III. A ascensão de Carlos Magno

Todavia, Pepino foi educado pela ordem religiosa do pontífice romano, por ordem do *majordomus*, para ser rei, e governou os francos sozinho por quinze anos ou mais. Ele morreu de hidropisia, em Paris, ao fim da guerra da Aquitânia, travada durante nove anos sucessivos contra Guilherme, duque da Aquitânia, e deixou a sucessão a seus dois filhos, Carlos e Carlomano, pelos cuidados e pela graça de Deus.

Em uma assembleia geral do povo, os francos nomearam os dois reis com a condição que dividissem igualmente todo o reino entre eles; Carlos assumiria e governaria a parte pertencente a seu pai, Pepino, e Carlomano a parte que seu tio Carlomano governou.

As condições foram aceitas e cada um tomou posse da parte do reino que lhe cabia, mas a paz só foi mantida entre eles com grande dificuldade, pois aconteceram conspirações que os envolveram em uma guerra.

14 *"Ainda que Eginhardo doure a pílula mostrando-nos um Carlomano no monte Soratte, fatigado das incessantes visitas dos grandes do reino franco, que vinham ver seu 'antigo senhor' por ocasião das peregrinações a Roma, é certo que Carlomano se entediava no Monte Cassino. Em 754, ele se pôs a serviço do rei Lombardo Astolfo, atravessou os Alpes e assumiu a chefia dos insatisfeitos. Pepino prendeu-o e mandou-o de volta à vida monástica, mas dessa vez num monastério mais bem controlado, em Vienne. Carlomano lá morreu, no ano seguinte. Eginhardo falsearia a história, fazendo-o morrer em seu retiro em Monte Cassino" – FAVIER, Jean. Carlos Magno, op. cit., p. 35-36.*

Porém, desses eventos, o que mostrou um perigo mais imaginário que real foi que, com a morte de Carlomano, sua viúva Gerberga fugiu sem razão com seus filhos e principais agregados para a Itália, apesar de seu cunhado ter colocado ela e seus filhos sob a proteção de Desidério, rei dos lombardos.

Carlomano sucumbiu à doença após dois anos de governo – na verdade foram mais de três – juntamente com seu irmão, e com sua morte, Carlos foi unanimemente eleito rei dos francos.

IV. Plano de trabalho

Seria loucura escrever uma palavra sobre o nascimento, a infância de Carlos ou mesmo de sua adolescência, pois nada foi escrito sobre esses assuntos e não existe ninguém vivo hoje para fornecer informações sobre isso. Assim, como são fatos desconhecidos, decidi passar por isso e tratar de seu caráter, de sua ação e de outros fatos de sua vida valiosos de serem contados e passados adiante. Darei importância às suas ações em seu país natal e no exterior. A seguir, tratarei de seu caráter e de suas atividades, e finalmente de sua administração e morte, sem omitir nada que valha a pena, ou seja, necessário saber.[15]

15 *"Da infância de Carlos não se sabe quase nada. Em sua Vida de Carlos, Eginhardo frustra nossa curiosidade erguendo uma cortina de fumaça, tendo consciência de que com isso contraria a intenção de um paralelismo com as Vidas dos doze Césares, de Suetônio, obra cuja organização ele procura seguir, em todos os demais aspectos, o mais fielmente possível (...) É difícil acreditar em Eginhardo. Será preciso lembrar que ele foi amigo e confidente do rei? (...) Se Eginhardo não diz nada é porque tem suas razões, relacionadas às atitudes do rei. Digamos que é de bom-tom, aos olhos deste e sem dúvida de todo o seu entourage, não falar em voz alta dos primeiros anos do imperador." – FAVIER, Jean. Carlos Magno, op. cit., p. 133-134.*

V. A guerra na Aquitânia

Seu primeiro trabalho militar foi a guerra da Aquitânia, iniciada por seu pai, mas não concluída.[16] E como ele pensou que poderia facilmente levá-la adiante, assumiu-a enquanto seu irmão ainda estava vivo, contando com ele para socorrê-lo. Uma vez iniciada a campanha, ele conduziu-a com grande vigor, apesar de seu irmão ter se recusado a dar a assistência prometida. Não desistiu ou diminuiu o trabalho imposto a si mesmo. Com paciência e firmeza, chegou totalmente a seus objetivos: forçou Kunold [duque da Aquitânia][17], que havia tentado assumir a Aquitânia após a morte de Waifre[18], e renovou a guerra depois de quase concluída, abandonando a Aquitânia e fugindo para a Gasconha.

Mesmo ali, ele não teve outra opção senão atravessar o rio Garonne, construir o castelo de Fronsac e mandar embaixadores a Lobo, duque da Gasconha, para forçar a perseguição ao fugitivo e ameaçar pegá-lo à força, a menos que ele se rendesse prontamente.[19] Então Lobo escolheu o caminho mais sábio e não só entregou Kunold mas também se submeteu ao rei, juntamente com a província que governava.

---

16 *"A primeira campanha de Pepino, o Breve, na Aquitânia, foi concluída em 760. A Aquitânia havia sido dominada precariamente; Carlos Martel impusera um protetorado politicamente muito tênue. O duque Waifre insurgiu-se contra a tutela de Pepino, mas foi derrotado. "A Aquitânia nunca foi efetivamente integrada à realidade política do reino franco (...) É para conter os bascos que os reis merovíngios dão um duque a essa Aquitânia (...) o duque só reconhece a autoridade do rei na medida em que é exercida com moderação, e os grandes senhores se acostumam a essa autoridade de um duque que é mais próximo do que o rei." – FAVIER, Jean. Carlos Magno, op. cit., p. 50.*

17 *Kunold, ou Hunaldo (II), duque da Aquitânia.*

18 *O conde Waifre foi assassinado em 768. Nesse mesmo ano Carlos baixou uma capitular para a Aquitânia, após derrotar o duque Hunaldo II.*

19 *Trata-se de Lobo II, que se autodenominava o Príncipe. No século VII a Gasconha (Vasconia) era um ducado independente. Os vascones (ou gascões) são os gascões que foram expulsos pelos visigodos e atravessaram os Pireneus na segunda metade do século VI.*

VI. A guerra lombarda

Após trazer o fim a essa guerra e resolver assuntos na Aquitânia, pois seu parceiro na autoridade havia passado dessa vida,[20] ele foi induzido pelos intercessores de Adriano, bispo da cidade de Roma[21], a prosseguir na guerra com os lombardos. Antes dele, seu pai incumbiu-se dessa tarefa, a pedido do papa Estevão[22], porém, certos líderes francos se opuseram tão veementemente ao seu projeto de declarar guerra abertamente, que disseram que deixariam o rei e iriam para casa. Não obstante, a guerra contra Astolfo, rei da Lombardia, foi assumida e muito rapidamente concluída.

Carlos parece ter tido as mesmas bases que seu pai teve para declarar guerra, a mesma guerra, porém distinta da precedente, tanto em suas dificuldades quanto em sua conclusão. Pepino, para ser exato, após assediar alguns dias em Pavia o rei Astolfo, obrigou-o a entregar reféns para restaurar as cidades romanas de tudo o que haviam perdido; obrigou-o também a prestar um juramento que não iria tentar prendê-los novamente. Mas Carlos não cedeu: após declarar guerra e fustigar o rei Desidério com um longo cerco, forçando-o a se entregar discretamente, coagindo seu filho Adalgiso, a última esperança dos lombardos, não só de seu reino, mas de toda a Itália, restaurou aos romanos tudo o que haviam perdido; dominou Hruodgaus, duque de Friuli, que tramava uma revolta. Por fim, subjugou toda a Itália ao seu poder e colocou seu filho Pepino como rei.

A essa altura, eu deveria descrever a difícil passagem de Carlos para a Itália sobre os Alpes e a opressão que os francos suportaram, escalando cumes de montanhas sem trilhas, altíssimos penhascos e

---

20 Einhard se refere à morte de Carlomano II em 771, irmão de Carlos Magno.

21 "Adriano, bispo da cidade de Roma..." – Trata-se do Papa Adriano I, 772-795.

22 Papa Estêvão II ou III, 752-757.

ásperos picos, se não fosse meu propósito nesse trabalho recordar seu modo de vida em detrimento dos incidentes da guerra que manteve. Satisfaz dizer que essa guerra terminou com a sujeição da Itália e o banimento do rei Desidério, além da expulsão de seu filho Adalgiso da Itália e a restauração das conquistas dos reis lombardos a Adriano, mentor da Igreja romana.

[...]

XXVIII. Carlos Magno coroado imperador

Quando fez sua última jornada, ele também tinha outros fins em vista. Os romanos tinham infligido grande número de injúrias ao pontífice Leão, arrancando seus olhos e cortando sua língua, de modo que ele teve de chamar o rei para socorrê-lo. Desse modo, Carlos foi a Roma restabelecer a ordem nos assuntos da Igreja que estavam bastante confusos, e lá passou todo o inverno. Foi então que recebeu os títulos de imperador e augusto, os quais primeiramente teve aversão quando declarou que se soubesse dos projetos do papa não teria entrado na igreja no dia em que lhe foram conferidos, mesmo sendo um dia de celebração. Ele suportou muito pacientemente a suspeita que os imperadores romanos demonstraram de sua atitude de assumir estes títulos, pois eles aceitaram isto doentiamente; e à força das frequentes embaixadas e cartas nas quais destinou a eles como irmão, fez a soberba deles render-se à sua magnanimidade, uma qualidade que era inquestionavelmente superior a eles.

XXIX. Reformas

Foi depois de ter recebido o título imperial que, descobrindo que as leis de seus povos eram muito defeituosas (os francos tinham duas séries de leis muito diferentes em muitas particularidades), ele determinou adicionar o que faltava para reconciliar as discrepâncias e corrigir o que estava errado, e incorretamente citado nelas. Contudo, em relação a esse assunto, ele não fez nada além de suplementar as leis com algumas capitulares imperfeitas. Mas fez com que as leis consuetudinárias de todas as tribos que estavam sobre [sic] seu governo fossem compiladas e reduzidas para a escrita; fez com que os velhos e grosseiros cantos que celebravam os atos e as guerras dos antigos reis fossem escritos para serem transmitidos para a posteridade; começou uma gramática de sua língua nativa; deu o nome dos meses em seu próprio idioma, substituindo o latim e os nomes bárbaros, que eram conhecidos antigamente entre os francos. Ele igualmente designou os ventos por doze nomes apropriados, pois havia apenas mais que quatro nomes distintos em uso anteriormente.

Ele chamou Janeiro, Wintarmanoth; Fevereiro, Hornung; Março, Letzinmanoth; Abril, Ostarmanoth; Maio, Winnemanoth; Junho, Brachmanoth; Julho, Heuvimanoth; Agosto, Aranmanoth; Setembro, Witumanoth; Outubro, Windumemanoth; Novembro, Herbistmanoth; Dezembro, Heilagmanoth. Ele denominou os ventos da seguinte maneira: Subsolanus, Ostroniwint; Eurus, Ostsundroni, Euroauster, Sundostroni; Auster, Sundroni; Austro-Africus, Sundwestroni; Africus, Westsundroni; Zephyrus, Westroni; Caurus, Westnordroni; Circius, Nordwestroni; Septentrio, Nordroni; Aquilo, Nordostroni; Vulturnus, Ostnordroni.

Fonte: Einhard, 2023.[23]

23 A versão em língua inglesa, com base na qual esta tradução foi realizada, é a seguinte: EINHARD. **The Life of Charlemagne**. *Translated by Samuel Epes Turner. New York: Harper & Brothers, 1880.*

Anexo 2 – Dictatus Papae (1075)

I. "Quod Romana ecclesia a solo Domino sit fundata". (Que a Igreja Romana foi fundada somente pelo Senhor).

II. "Quod solus Romanus pontifex iure dicatur universalis". (Que só o Pontífice Romano seja dito legitimamente universal).

III. "Quod ille solus possit deponere espiscopus vel reconciliare". (Que só ele possa depor ou repor bispos).

IV. "Quod legatus eius omnibus episcopis presit in concilio etiam inferioris gradus et adversus eos sententiam depositionis possit dare". (Que os seus legados, ainda que de grau inferior, em um concílio estão acima de todos os bispos, e pode contra estes pronunciar sentença de deposição).

V. "Quod absentes papa possit deponere". (Que o Papa possa depor ausentes).

VI. "Quod cum excommunicatis ab illo inter cetera nec in eadem domo debemus manere". (Que com os excomungados pelo Papa não podemos, entre outras coisas, permanecer na mesma casa).

VII. "Quod illi soli licet pro temporis necessitate novas leges condere, novas plebes congregare, de canonica abatiam facere et e contra, divitem episcopatum dividere et inopes unire". (Que só a ele é lícito, segundo necessidade temporal, ditar novas leis, formar novas comunidades, converter uma fundação em abadia e, reciprocamente, dividir uma diocese rica e reunir dioceses pobres).

VIII. "Quod solus possit uti imperialibus insigniis". (Que só ele possa levar as insígnias imperiais).

IX. "Quod solius pape pedes omnes principes deosculentur". (Que todos os príncipes devem beijar os pés do Papa).

X. "Quod illius solius nomen in ecclesiis recitetur". (Que o seu nome deve ser recitado em toda Igreja).

XI. "Quod hoc unicum est nomen in mundo". (Que este nome é único no mundo).

XII. "Quod illi liceat imperatores deponere". (Que lhe seja lícito depor os imperadores).

XIII. "Quod illi liceat de sede ad sedem necessitate cogente episcopos transmutare". (Que lhe seja lícito trasladar bispos de uma sede para outra, se lhe obrigar a isso a necessidade).

XIV. "Quod de omni ecclesia quocunque voluerit clericum valeat ordinare". (Que possa ordenar clérigos de qualquer igreja onde queira).

XV. "Quod ab illo ordinatus alii eclesie preesse potest, sed non militare; et quod ab aliquo episcopo non debet superiorem gradum accipere". (Que um ordenado por ele possa presidir a outra igreja, mas não servi-la; e que o ordenado por ele não possa receber grau superior de outro bispo).

XVI. "Quod nulla synodus absque precepto eius debet generalis vocari". (Que nenhum sínodo se chame universal se não for por ordem do Papa).

XVII. "Quod nullum capitulum nullusque liber canonicus habeatur absque illius auctoritate". (Que nenhum capítulo nem nenhum livro seja considerado como canônico sem sua autorizada [sic] e permissão).

XVIII. "Quod sententia illius a ullo debeat retractari et ipse omnium solus retractare possit". (Que suas sentenças não sejam retratadas por ninguém e só ele possa revê-la).

XIX. "Quod a nemine ipse iudicare debeat". (Que não seja julgado por nada).

XX. "Quo nullus audeat condemnare apostolicam sedem apellantem". (Que nada pode condenar quem apela à Sede Apostólica).

XXI. "Quod maiores cause cuiscunque ecclesie ad eam referri debeant". (Que as causas maiores de qualquer igreja sejam referidas à Sede Apostólica).

XXII. "Quod Romana ecclesia nunquam erravit nec imperpetuum scriptura testante errabit". (Que a Igreja Romana nunca errou e não errará nunca, segundo testemunho das Escrituras).

XXIII. "Quod Romanus pontifex, si canonice fuerit ordinatus, meritis beati Petri indubitanter efficitur sanctus testante sancto Ennodio Papiensi episcopo ei multis sanctis patribus faventibus, sicut in decretis beati Symachi pape continetur". (Que o Pontífice Romano, uma vez ordenado canonicamente, é santificado indubitavelmente pelos méritos do bem-aventurado Pedro, segundo testemunho do santo bispo Enódio de Pavia, apoiado pelos muitos santos Padres segundo está nos decretos do Beato Papa Símaco).

XXIV. "Quod illius precepto et licentia subiectis liceat accusare". (Que por ordem e permissão sua seja lícito aos subordinados formular acusações).

XXV. " Quod absque synodali conventu possit episcopus deponere et reconciliare". (Que pode depor e restabelecer os bispos mesmo fora de reuniões de sínodo).

XXVI. "Quod catholicus non habeatur, qui non concordat Romane ecclesie". (Que ninguém seja chamado católico se não concorda com a Igreja Romana).

XXVII."Quod a fidelitate iniquorum subiectos potest absolvere". (Que ele pode eximir os súditos [da fidelidade para com príncipes – iníquos]).

Fonte: Azevedo, 2013.

Anexo 3 – Concordata de Worms (1122)

a) *"Privilegium Pontificis"* (*Calixto II*)

Eu, Calixto, bispo, servo dos servos de Deus, concedo a ti, querido filho Henrique, pela graça de Deus, augusto imperador dos romanos, que tenham lugar em tua presença, sem simonia e sem nenhuma violência, as eleições de bispos e de abades da Germânia que incumbem ao reino; e que se surgir qualquer causa de discórdia entre as partes segundo o conselho e o parecer do metropolitano e dos eleitores, dês teu conselho e ajuda à parte mais justa. O eleito receba de ti a regalia por meio do certo e em razão disso realize o que de justiça te deve. Quem seja consagrado nas restantes regiões do Império, pelo contrário, receba de ti a regalia no espaço de seis meses por meio do certo e por este cumpra, segundo a justiça, seus deveres ante ti, guardando todas as prerrogativas reconhecidas à Igreja Romana. Segundo o dever de meu ofício, ajudar-te-ei no que de mim depender nas coisas em que me reclames ajuda. Asseguro-te uma paz sincera a ti e a todos os foram do teu partido durante esta discórdia.

b) *"Privilegium Imperatoris"* (*Henrique V*)

Em nome da santa e indivisível Trindade, Eu, Henrique, pela graça de Deus augusto imperador dos romanos, pelo amor de Deus e da Santa Igreja Romana e de nosso papa Calixto e pela salvação da minha alma, cedo a Deus e a seus santos apóstolos Pedro e Paulo e à Santa Igreja Católica toda a investidura com anel e báculo e concedo que em todas as igrejas existentes no meu reino e no meu império realizem-se eleições canônicas e consagrações livres. Restituo à mesma Santa Igreja Romana as possessões e os privilégios do bem-aventurado Pedro que lhe foram arrebatadas desde o começo desta controvérsia até hoje, já no tempo do meu pai, já no meu e que eu possua, e proporcionarei fielmente minha ajuda para que sejam restituídas as que ainda não foram. Devolverei igualmente, de acordo com o conselho dos príncipes e a justiça, as possessões de todas as demais igrejas e dos príncipes ou dos clérigos ou leigos perdidas nesta guerra e que estão em minhas mãos; para as que não estão, proporcionarei meu auxílio para que sejam restituídas. E asseguro uma sincera paz a nosso papa Calixto e a Santa Igreja Romana e a todos os que são ou foram de seu partido. Fielmente darei minha ajuda quando a Santa Igreja a reclamar e renderei a ela a devida justiça. Tudo isso está redigido com o consenso e o conselho dos príncipes cujos nomes seguem [...].

Fonte: Pedrero-Sánchez, 2000, p. 132-133.

Anexo 4 - Édito de Milão (313)

Eu, Constantino Augusto, e eu também, Licíno Augusto, reunidos felizmente em Milão para tratar de todos os problemas que se relacionam com a segurança e o bem público, cremos ser o nosso dever tratar junto com outros assuntos, que merecem a nossa atenção para o bem da maioria, tratar também daqueles assuntos nos quais se funda o respeito à divindade, a fim de conceder tanto aos cristãos quanto a todos os demais a faculdade de seguirem livremente a religião que cada um desejar, de maneira que toda a classe de divindade que habita a morada celeste seja propícia a nós e a todos os que estão sob a nossa autoridade. Assim temos tomado esta saudável e retíssima determinação de que a ninguém seja negada a faculdade de seguir livremente a religião que tenha escolhido para o seu espírito, seja a cristã ou qualquer outra que achar mais conveniente; a fim de que a suprema divindade a cuja religião prestamos esta livre homenagem possa nos conceder o seu favor e benevolência. Por isso é conveniente que vossa excelência saiba que temos resolvido anular completamente as disposições que lhe foram anteriormente com relação ao nome dos cristãos, por encontrá-las hostis e pouco apropriadas à nossa Clemência, e temos resolvido permitir a todos os que queriam observar a religião cristã, de agora em diante, que o façam livremente sem ter que sofrer nenhuma inquietação ou moléstia. Assim, pois, acreditamos ser o nosso dever dar a conhecer com clareza estas decisões à vossa solicitude, para que saiba que temos concedido aos cristãos a plena e livre facilidade de praticar sua religião [...]. Levou-nos a agir assim o desejo de não aparecer como responsáveis por diminuir em nada qualquer religião ou culto [...]. E além disso, no que diz respeito aos cristãos, decidimos que lhes sejam devolvidos os locais onde anteriormente se reuniam, sejam eles propriedade do nosso fisco, ou tenham sido comprados por particulares, e que os cristãos não tenham de pagar por eles nenhuma classe de indenização [...]. E como consta que os cristãos possuíam não só locais de reunião habitual, mas também outros pertencentes à sua comunidade [...] ordenamos que lhes sejam devolvidos sem nenhum tipo de equívoco nem de oposição [...]. Em todo o dito anteriormente (vossa excelência) deverá prestar o apoio mais eficiente à comunidade dos cristãos, para que as nossas ordens sejam cumpridas o mais depressa possível e para que também neste assunto a nossa Clemência vele pela tranquilidade pública. Desta maneira, como já temos dito anteriormente, o favor divino que em tantas e tão importantes ocasiões nos tem sido propício, continuará ao nosso lado constantemente, para o êxito das nossas empresas e para a prosperidade do bem público [...].

Fonte: Pedrero-Sánchez, 2000, p. 27-28.

Anexo 5 – Relações entre Bonifácio VIII e Filipe IV (1302)[24]

De Bonifácio a Filipe

Bonifácio, bispo, servo dos servos de Deus, a Filipe, rei da França. Temei a Deus e cumpri Seus mandamentos. Queremos que vós saibais que sois subordinado a nós em espiritualidade e temporalidade. A nomeação para benefícios e prebendas não pertence de todo a vós e se vós tendes a custódia de alguma Igreja desocupada é para que entregueis seus rendimentos aos que sucederam aos que a deixaram. Se vós conferistes tais benefícios a alguém, nós declaramos as nomeações nulas e invalidadas e revogamos qualquer coisa que fizestes a respeito. Feito em Latrão no quinto dia de dezembro, no sétimo ano de nosso pontificado.

De Filipe a Bonifácio

Filipe, pela graça de Deus rei da França, a Bonifácio que age como se fosse o Papa pouca ou nenhuma saudação. Queira vossa grande imbecilidade saber que em temporalidades não somos subordinados a ninguém; que a nomeação para igrejas desocupadas e prebendas pertence a nós por direito real, e que seus rendimentos são nossos; que as nomeações que fizemos no passado ou que possamos fazer no futuro são válidas, e que defenderemos arduamente seus detentores contra quem quer que seja. Todos os que pensarem de outro modo nós os tomaremos por imbecis e doidos. Feito em Paris.

Fonte: Pedrero-Sánchez, 2000, p. 139.

---

24 *"Os partidários de Filipe, o Belo, fizeram circular essas cartas falsificadas em Paris, afirmando que a primeira fora enviada por Bonifácio e a segunda, de Filipe ao papa" (Pedrero-Sánchez, 2000, p. 139).*

Anexo 6 – Bula *Unam Sanctam*: Bonifácio VIII (1302)

Somos obrigados pela fé a acreditar e defender e nós acreditamos firmemente e confessamos com sinceridade que a Santa Igreja Católica e Apostólica é uma e que fora dessa Igreja não existe salvação nem remissão dos pecados [...] Esta Igreja, una e única, possui um corpo e uma cabeça – não duas cabeças como um monstro – nomeadamente Cristo e o vigário de Cristo, Pedro e o sucessor de Pedro, porque o Senhor disse ao próprio Pedro: "Apascenta as minhas ovelhas". Ele disse "as minhas ovelhas" em geral, e não estas ou aquelas; por esta razão, subentende-se que o encarregou de todas. Por isso, se os Gregos ou outros dizem que não foram entregues a Pedro e aos seus sucessores, confessam necessariamente que não pertencem às ovelhas de Cristo, porque o Senhor diz em João: "Há um só rebanho e um só pastor".

E aprendemos das palavras do Evangelho que nesta Igreja em seu poder estão duas espadas, a espiritual e a temporal [...]. Na verdade, aquele que nega estar a espada temporal em poder de Pedro interpreta mal as palavras do Senhor: "Põe a tua espada na bainha". Ambas estão em poder da Igreja, a espada espiritual e a material. Mas a última é para ser usada para a Igreja, a primeira por ela; a primeira, pelo sacerdote, a última, pelos reis e cavaleiros, mas de acordo com a vontade e permissão do sacerdote. Uma espada, portanto, deverá estar sob a outra, e a autoridade temporal sujeita à espiritual [...]. Se, portanto, o poder terreno erra, será julgado pelo poder espiritual; e se um poder menor erra, será julgado pelo maior. Mas se o supremo poder erra, apenas poderá ser julgado por Deus, não pelo homem [...]. Por tudo isto declaramos, estabelecemos, definimos e pronunciamos que é absolutamente necessário para a salvação de toda a criatura humana estar submetida ao pontífice romano.

Fonte: Pedrero-Sánchez, 2000, p. 138-139.

Anexo 7 – A trifuncionalidade feudal

O critério da separação é uma posição perante o poder. Uns mandam, outros obedecem. As duas condições que a lei humana rege correspondem às estruturas de desigualdade do universo. Nesta "casa", que é a cristandade, há necessariamente senhores e servos, como sucede nas grandes casas aristocráticas, na casa do bispo, na do rei, na dos príncipes, como sucede em todos os senhorios – do mesmo modo que, no modo de produção, há exploradores e explorados. Tal é a linha de clivagem que Adalberão vê inscrita no mais fundo do biológico. Com efeito, estamos aqui na Terra, do lado do pecado, da carne, do sexo. A *lex humana* reina sobre estes espaços perturbados onde a transmissão da vida, forçosamente pecaminosa, reúne por necessidade os prazeres culposos da procriação e o castigo que são as dores do parto. Estas duas condições que, por não serem celestes mas terrestres, se definem pelo nascimento. São categorias genéticas. Os nobres e os servos constituem dois "gêneros". À cabeça do primeiro estão colocados o rei e o imperador, os dois faróis da cristandade. Claro está, sagrados. Porém, a sua segunda natureza permite-lhes, como a todos que não pertencem ao clero, que possuam licitamente uma esposa; devem deitar-se com ela, engravidá-la – e toda a nobreza é considerada sua parentela e a vasta progenitura dos antigos soberanos, seus antepassados. Esta nobreza é, toda ela, *"de sangue de reis"*. Adalberão sabe-o bem; faz parte dela e conhece de cor a sua genealogia.

A atribuição de uma função (*officium*) a cada uma destas duas condições só vem depois e como consequência da partilha que a geração, o "gênero" determina. O sangue que corre nas veias dos nobres e de onde lhes vem a beleza, a impetuosidade, o valor militar, qualifica-os para defensores, primeiro das igrejas, depois do "vulgo", sejam grandes ou pequenos (porque entre os que não pertencem à nobreza mas ao povo há, como dirá Loyseau, categorias, como as há entre os nobres: alguns passam à frente, sentam-se e falam antes dos outros). À genética devem os nobres o ser guerreiros, *bellatores*. Enquanto que o "ofício" dos servos é executar o que cabe à condição "servil", todas as tarefas enumeradas por Adalberão alguns versos mais atrás, quando descreve aquilo de que os padres se devem abster de fazer: lavar, cozinhar, trabalhar a terra, quer dizer produzir e preparar os alimentos dos outros. Sofrendo. Com o suor do seu rosto. *Labor, dolor, sudor*. E para terminar o diálogo entre o rei e o sábio, surge a afirmação trifuncional: "*Tripla é a casa de Deus que se crê una. Uns rezam, outros combatem, outros ainda trabalham. São três conjuntos e não podem estar desunidos*". Porque – e o final retoma o que nas *Gesta dos bispos de Cambrai* servia de introito ao segundo discurso de Gerardo – "*sobre a função de um assentam as obras dos outros dois e cada um, por sua vez, presta ajuda a todos*". Quando se respeita esta lei (*lex*), reinará a paz. Cabe ao rei (*rex*) fazê-la aplicar e impedir que a ordem seja perturbada.

Fonte: Duby, 1982, p. 65-66.

ANEXO 8 – VISÃO DOS ÁRABES SOBRE OS FRANCOS

Na alvorada, chegam os *franj* (assim os árabes chamavam os cruzados, o conceito designava os francos). É uma carnificina. Durante três dias, eles matam mais de cem mil pessoas pela espada, e fazem muitos prisioneiros. O número de Ibn al-Athir são evidentemente fantasiosos, pois a população da cidade, na véspera de sua queda, era provavelmente inferior a dez mil habitantes. Mas o horror está menos presente no número de vítimas do que no destino quase inimaginável que lhes foi reservado.

Em Maara, os nossos faziam ferver os pagãos adultos em caldeira, fincavam as crianças em espetos e as devoravam grelhadas. Essa confissão do cronista franco Raoul de Caen não foi lida pelos habitantes das localidades próximas a Maara, mas até o fim de suas vidas eles se lembrarão do que viram e ouviram. Pois a lembrança dessas atrocidades propagadas pelos poetas locais assim como pela tradição oral fixará nos espíritos uma imagem dos *franj* difícil de ser apagada. O cronista Ussama Ibn Munqidh, nascido três anos antes desses acontecimentos na cidade vizinha de Chayzar, escreverá um dia: "todos aqueles que se informaram a respeito dos *franj* viram neles animais que possuem a superioridade da coragem e do ardor no combate, mas nenhuma outra, assim como os animais têm a superioridade da força e da agressão".

Um julgamento desprovido de complacência que resume bem a impressão deixada pelos *franj* na sua chegada à Síria: uma mistura de medo e desprezo, bem compreensível por parte de uma nação árabe muito superior em cultura mas que perdeu toda combatividade. Jamais os turcos esquecerão o canibalismo dos ocidentais. Em toda a sua literatura épica, os *franj* serão invariavelmente descritos como antropófagos.

Fonte: Maalouf, 2001, p. 46-47.

Respostas

Capítulo 1

Atividades de autoavaliação

1. a
2. a
3. b
4. d
5. b

Capítulo 2

Atividades de autoavaliação

1. d
2. a
3. a
4. b
5. d

Capítulo 3

Atividades de autoavaliação

1. d
2. a
3. b
4. c
5. a

Capítulo 4

Atividades de autoavaliação

1. d
2. a
3. d
4. c
5. c

Sobre a autora

Cibele Carvalho é doutora, mestra e licenciada em História pela Universidade Federal do Paraná (UFPR). No mestrado, dedicou-se à pesquisa do período medieval, mais precisamente do século XIII, na linha de pesquisa Cultura e Poder, com a dissertação "Francisco de Assis: entre duas Regras (1221-1223)". Durante o mestrado, foi bolsista da Coordenação de Aperfeiçoamento de Pessoal de Nível Superior (Capes). Já no doutorado, ainda na linha de pesquisa Cultura e Poder, desenvolveu a tese "As Hagiografias Franciscanas (século XIII): uma reconstrução do conceito de pobreza".

Começou no magistério como professora da rede pública do Estado do Paraná em 2004 e, em 2008, ingressou como docente no ensino superior. Já publicou vários artigos científicos e participou de eventos acadêmicos; além disso, tem vasta experiência na educação básica e no ensino superior. Atualmente, encontra-se na Secretaria de Estado da Educação do Paraná (SEED-PR), no Departamento de Acompanhamento Pedagógico, realizando o desenvolvimento em serviço de cinco núcleos de educação do Estado do Paraná.

Impressão: